读客文化

华与华
超级符号案例集2

华杉 华楠 著

同一个创意套路又诞生上百个经典案例，20年来不断创新推动中国各个行业

江苏凤凰文艺出版社
JIANGSU PHOENIX LITERATURE AND ART PUBLISHING

图书在版编目（CIP）数据

华与华超级符号案例集.2/华杉，华楠著.—南京：江苏凤凰文艺出版社，2021.6（2022.9重印）
ISBN 978-7-5594-5841-4

Ⅰ.①华… Ⅱ.①华…②华… Ⅲ.①企业管理-案例-中国 Ⅳ.① F279.23

中国版本图书馆 CIP 数据核字 (2021) 第 073749 号

华与华超级符号案例集 2

华杉 华楠 著

责任编辑	丁小卉
特约编辑	贾育楠
装帧设计	吴 琪
责任印制	刘 巍
出版发行	江苏凤凰文艺出版社
	南京市中央路 165 号，邮编：210009
网　　址	http://www.jswenyi.com
印　　刷	河北中科印刷科技发展有限公司
开　　本	890 毫米 ×1270 毫米 1/32
印　　张	9
字　　数	218 千字
版　　次	2021 年 6 月第 1 版
印　　次	2022 年 9 月第 3 次印刷
标准书号	ISBN 978-7-5594-5841-4
定　　价	68.00 元

江苏凤凰文艺版图书凡印刷、装订错误，可向出版社调换，联系电话：010-87681002。

目 录

序　言　营销传播的哲学问题　　　　　　　　　　　　　　　　　　/ I

洽　洽
掌握快消品牌营销关键技术

引　言 / 004
第一章　包装设计：快消品行业的战略重心和决胜点 / 006
第二章　产品结构就是企业战略路线图，任何战略最终都要落实
　　　　为产品战略 / 013
第三章　成功发掘第二金角，开辟新赛道 / 020
第四章　洽洽速度：从提案到全国铺货共用时 23 天 / 024
华与华方法：华与华企业战略围棋模型 / 030

华莱士
永不挑战麦当劳，通过博弈赢得自己的未来

第一章　不要竞争思维，要博弈思维 / 036

第二章　用《博弈论》的小狗策略重塑企业 4P / 041

第三章　用产业结构博弈重塑企业品类策略 / 048

第四章　用"品牌三角两翼模型"建立全新品牌资产 / 053

第五章　解决企业宣贯难题，没有执行，一切都是 0 / 058

华与华方法：华与华企业博弈战略 / 061

人本帆布鞋
超级符号建立品牌定价权

第一章　品牌困境：没有品牌定价权 / 068

第二章　"买椟还珠"，华与华超级符号设计思想 / 071

第三章　品牌谚语：一句话说动消费者 / 076

第四章　"削足适履"，华与华超级产品设计理念 / 078

第五章　所有的事都是一件事，开启人本品牌发展新时代 / 087

华与华方法：华与华超级符号方法 / 090

SKG
打造时尚品牌，建立流量大水库

第一章　以投资的视角，将流量费用转为品牌资产 / 096

第二章　超级符号系统建立流量根基 / 100
第三章　重叠放大术构建流量收集器 / 106
第四章　货架思维构建终端超级流量漏斗 / 110
华与华方法：华与华超级符号流量循环 / 122

奇安信
从 0 到 1：华与华企业战略标杆案例

第一章　从 0 起步，历经八年做到行业第一 / 128
第二章　数据虎符：蕴藏两千年文化原力的超级符号 / 132
第三章　超级符号要生更要养 / 134
第四章　打造世界级公关产品：北京网络安全大会 / 137
华与华方法：华与华方法的"五个市场模型" / 141

老娘舅
华与华五年计划第二年

引　言 / 146
第一章　依托于三大核心技术的品牌顶层设计 / 149
第二章　老娘舅的营销日历 / 153
第三章　老娘舅餐具设计：华与华工业设计代表作 / 163
华与华方法：华与华空间设计方法 / 190

梦百合 0 压床垫
外贸代工企业如何从 0 到 1 建立自主大品牌

第一章　企业寻宝、战略定心，坚持 0 压品牌战略不动摇 / 200
第二章　超级符号、品牌谚语构建梦百合核心品牌资产 / 208
第三章　用货架思维打造 360° 卖货门店 / 214
第四章　不要打折促销，要品牌营销 / 219
第五章　基于社会问题，明确企业的经营使命与经营逻辑 / 222
华与华方法：华与华品牌战略三角两翼方法 / 225

鲜丰水果
不要品牌识别系统，要刺激信号系统

第一章　一个超级符号让顾客停下来 / 232
第二章　一句品牌谚语让顾客走进来 / 238
第三章　一套店内信号系统让顾客买起来 / 247
华与华方法：刺激反射原理和巴甫洛夫条件反射 / 252

后　记　　　　　　　　　　　　　　　　　　　　　/ 255
附　录　2020 华与华百万创意大奖赛现场回顾　　　 / 259

序言

营销传播的哲学问题

(华 杉)

在华与华,我们常说一句话,叫作"哲学级的洞察,原理级的解决方案"。我们的工作就是要解决问题,但是我也经常说我们想要解决的问题,可能根本就不是问题。所以华与华做任何工作,首先是要找对课题。

为什么要讲营销传播的哲学问题

工作中我们不是要去发现问题,而是要去发现价值和创造价值。对很多问题,我们要学会和问题共存,以及带着问题前进。真正重要的是找到问题背后的真因,只有找对真因,我们才能制定正确的对策。

有人常说"华与华接地气",我真的特别不喜欢听这句话。其实说我们接地气，就是因为我们所做的事情都找到了真因，制定了对策，然后把事情真正落地了，而不是飘在天上。我们不是接地气，是接真气，凭借真人真心真本事，找到事物成败真因的真气。

今天我们讨论的话题叫作品牌传播，"超级符号就是营销传播的一切"，这是我在华与华百万创意大奖赛上要说的最重要的一句话。

华与华方法思想发展简介

经常有人问："你们华与华的超级符号到底是什么？""华与华的这些思想是怎么来的？"我想说的是，华与华方法能发展到现在，我们的良知良能发挥了很重要的作用。

什么叫良知？孟子说："生而知之。"生下来就知道的叫良知。什么叫良能？良能就是不学而能。罗素说："人生而无知，但并不愚蠢，人是因为受了教育才变得愚蠢。"很多时候学得多了，反而受了很多的污染。

22年前，那时候还没有华与华，我在老东家深圳力创广告，做了我的第一个案子——喜悦洋参。

当时我们觉得既然是美国西洋参，就找了一个印第安酋长形象来设计包装。用一个有产品产地特色的形象统一所有包装，这是我们当时一种不自觉的直觉，就觉得应该这么做。

做完之后，我写了一句话：品牌文化就是嫁接人类的文化，占人类文化的便宜。找到印第安文化，品牌就获得了整个印第安文化符号系统的加持，获得了印第安文化的能量。

在1998年，我说了奠基华与华方法论的第一句话，叫作"所有的事都是一件事"。

在2003年的时候，我们有了第二个想法，叫作"发动消费者替我传播"，我们称为"长腿的创意自己会跑"。也就是现在我们说的"不做传播，做播传"。

2003年我们做了"拍照大声喊田七"的案例，这是华与华历史上的经典作品之一。实际上我们是由这个项目的经验，提出了"品牌寄生"的思想，但是那时候还没有提超级符号和文化母体的概念，我们只是说要把品牌寄生于消费者的生活。

后来华楠把它发展成为"用一个超级符号把品牌寄生于一个文化母体上"的思想，并提出一个"寻找母体、回到母体、成为母体、壮大母体"的方法论。就是这样，才慢慢形成了华与华超级符号的方法。

在2013年，我们出版了《超级符号就是超级创意》这本书，现在大家看到的蓝色封皮已经是这本书的第三版，并且我们也在英国出版了这本书的英文版《Super Signs》。

2019年华楠写了《超级符号原理》，2020年我们出了《华与华方法》，这是现在代表华与华超级符号方法最主要的三本书，也是我们华与华对营销传播哲学级的洞察。

对企业家心理咨询的重要性远超方案本身

为什么要讲营销传播的哲学问题？因为做咨询除了对营销传播专业的理论问题，要有哲学级的洞察和最根本的解决之外，对我们经营的伦理、经营的哲学，也必须有所了解。

特别是我在做咨询的过程里面，发现对企业家心理咨询的重要性，远远超过了品牌营销方案的咨询。企业很多问题都源于企业家的心不定、心不安，定不下来就是因为缺乏哲学理念。

我们作为中国人，生长在中国的文化里，我们的家底就是儒家思想、孙子兵法。所以我就从2014年开始写书，2015年出了《华杉讲透〈孙子兵法〉》，然后写了《华杉讲透〈论语〉》《华杉讲透〈大学中庸〉》《华杉讲透〈孟子〉》《华杉讲透〈王阳明传习录〉》，目前我正在写《华杉讲透〈资治通鉴〉》。

实际上我也是在做一个"围棋模型"，用我们的华与华文库，形成华与华的经营哲学。西贝贾总送我一个"正"字，这也是我一直追求的。华与华的经营哲学，就是集中、西、日之正道。

我们做的工作都是宣传

我们做营销、做品牌传播，到底是在做一个什么样的工作？我希望回到一个最古老的词——宣传，其实我们做的就是宣传工作。毛主席说："什么叫宣传？只要一个人在跟另外一个人说话，他就是在做宣传。"我觉得这句话太精辟了。

宣传是干什么呢？宣传就是为了要影响你的看法和行为。营销不就是要影响你的看法，让你认为我这个东西是你需要的吗？营销不就是要影响你的行为，让你来买我的东西吗？我们所做的就是这样一件事情，不管你想要销售的是一个商品，还是一个观点或者服务。

那用什么来影响人的看法和行为呢？通过操纵词语和符号来影响人的看法和行为。所以，我一直说华与华的两大核心技术就是词语的技术和符号的技术，后来我们又加上了持续改善的技术。

当我们面对品牌营销传播课题的时候，我们要倒回去，回到最古老的学问。现在我们做的工作是什么呢？现在最厉害的是推送，流量平台说不用传播，可以直接推送到位，因为它的背后有算法支持。在推送之前，我们讲沟通，在沟通之前我们讲传播，传播之前讲广告，广告之前讲宣传。

宣传就是在一战、二战的时候开始兴起的，一战期间有一本书叫作《世界大战中的宣传技巧》，这本书中的理论一直被用到今天。写这本书的人叫哈罗德·拉斯韦尔，这是他24岁时写的一篇博士论文，这本书成为传播学的奠基之作，这就是宣传的诞生。

二战之后，宣传这个词在一定程度上有了负面的含义。二战之后，在美国又催生了广告，提倡大众传播，开始形成了传播学。传播之后，有人说不要搞大众传播，要一对一地沟通，要互动。

在这些里面，我最愿意做的是宣传。比如在做"爱干净住汉庭"的时候，他们说我们现在确定了要用"爱干净住汉庭"，我们应该怎么去说、怎么去推广？我说什么都不用，就把这六个字放到我们的楼顶上当宣传，剩下什么都不用做了，剩下你做什么都是多余，都是浪费时间、浪费钱。

所以，宣传才是成本最低、最强有力的传播方式。

宣传再往前推，就是两千多年前古希腊亚里士多德奠基的修辞学，他的《修辞学》现在还能买到，这也是华与华的宝典之一。

接下来，我们重点来讲传播的技术问题。我说要重组营销传播的基础理论，是基于我们讲的"超级符号就是营销传播的一切"这句话。

一切传播都是符号的编码和解码

一切传播都是符号的编码和解码。比如我演讲，也是在用中文来进行编码，通过空气和光这两个媒介进行传播。声音通过空气传播，画面通过光传播,你接收了声音、画面之后再进行解码,解码之后理解我说的意思,最后你再作出决策。

对于营销传播来说,就是你要理解我的产品和服务,然后决定你购买还是不买。

在营销传播的链条上有一个发送者在编码,通过媒介来传达信息,消费者再作为接收者来进行解码。这就是一个传播的刺激反射的回路,这是基本单元,也是最底层的原理。

华与华的学术底子是符号学、修辞学和媒介环境学。符号学和修辞学是设计编码的底层原理,符号学是符号的编码技术,修辞学主要是指语言文字的编码技术,媒介环境学主要就是研究除了接收者和发送者之外的媒介。

符号学的奠基人是索绪尔和皮尔斯,修辞学的奠基人是亚里士多德,媒介环境学的奠基人是麦克卢汉。符号的技术和词语的技术,主要是为了解决传播损耗的问题,而在媒介方面我们讲究商品即信息、包装即媒体。

我们在传播中遇到最大的问题是什么?是传不出去、消费者接收不到。所有传播面临的难题都是损耗,我们都有一肚子的好东西,但是顾客却不知道。

传播中最理想的状态是不是我传出去"1",消费者就能得到"1"呢?我们不这样想,我们希望我们传出去"1",他能得到"10",甚至能得到"100"。怎么能做到?这就需要用超级符号来进行编码。

举个例子,固安县正常的编码是"河北省廊坊市固安县",但这个就传不出去,接收者也无感,听完还是不知道它在哪儿。

当我们重新编码为"我爱北京天安门正南50公里"的时候,我就把他脑海里关于"天安门"的所有意识都抓取出来了,还把《我爱北京天安门》这首歌的童年美好回忆和感情都传递出来了。

我们把这些原力都注入了固安，听的人也愿意去跟别人传递，这样就解决了传不出去的问题。

"我爱北京天安门正南50公里"这个编码，彻底地改变了固安。那这个编码的特点是什么？它最大的特点在于我并不是完成整个编码后再传送给你，我送出去的只是一个观念的"爬虫"。用这个"爬虫"去挖掘你脑海里本来有的数据。你本来就掌握了天安门的数据，我只是用"我爱北京天安门正南50公里"这个"爬虫"，来抓取你已经掌握的数据，让你瞬间就对固安有了印象。不仅如此，而且你还愿意把这句话告诉别人，这就是我们说的发动顾客替我们传播。当你愿意去告诉别人的时候，我的传播成本就降低了。

这样你就可以理解，不管你是写一个文案，还是设计一个标志、做一个门头、设计一个包装，所有的一切都是符号的编码和解码。超级符号就是选择传播效率最高、传播成本最低的符号进行编码。

媒介不只是信息载体，也是信息的重要组成部分。华与华对媒介的理解叫作"媒介即信息，包装即媒体"。也就是说媒介在信息的传播里面，它并不是单纯地只是承担媒介的角色，而是信息的重要组成部分，是信息能量的一部分，甚至是信息能量中最重要的一部分。

比如华与华的广告出现在北京机场、上海机场，它代表的不仅是我的实力，也代表了我的志向，代表了我的信心，更代表了我对顾客的承诺，而这些志向和承诺的能量会影响到顾客的购买行为。

经济学上讲广告是企业为了应对信息不对称，而向顾客发的信号。信号必须足够贵，如果信号不够贵则信号无效。如果我和华楠的照片出现在电线杆上，全国人民都知道这只是两个"江湖游医"；如果贴在长途汽车站，就是通缉犯了。

汉庭最重要的举措在于把"爱干净住汉庭"这六个字放上了楼

顶。如果这六个字不上楼顶，而是做成一个小卡片放在床头柜上，那就什么用都没有，因为信号能量不够，媒介能量不够。

我们说"商品即信息，包装即媒体"。洽洽以前的包装，就没有作为一个媒体来设计，由于没有这样的认识，就没有这样去做，包装就完全损失了该有的能量。

一定要记住，对于快消品来说，最重要是一开始就把它的包装媒体化，包装的设计本身就是产品的再开发，要把包装变成一个信息包，当成媒体。

超级符号传播中的四个原理

基于以上内容，我们也总结了超级符号传播中的四个原理：

第一，利用接收者的潜意识，让编码在接收者的脑海里面完成。也就是说，发送者发送的，并不是一个最终编码，而是一个"观念爬虫"，在接收者的脑海里挖掘数据，完成最终编码。利用接收者的潜意识完成编码，就减轻了我们发送"运载火箭"的负荷，提高了效率，还放大了效应。

第二，媒介并不只是传送媒介，其本身是编码的一部分，有时甚至是最重要的部分。所以说有时候在哪儿投广告比投什么广告更强，投多大量比什么创意更强。当你真有足够传播资源的时候，甚至什么创意都不用，你随便放什么都行，因为它有那么大的能量在。

第三，对接收者的行为反射，我们并不满足于他的购买行为，而是即刻把他转化为发送者来替我们传播。"累了困了喝东鹏特饮"是大家都会传的话，"你的能量超乎你的想象"就不会。

第四，信号必须足够简单，信号能量必须足够强，而且必须持续不断并长时间重复，最好是永远重复。

对于把接收者转化为发送者这一概念，华与华还有一个特别重要的理论是"消费者的四个角色"，这也是华楠提出来的，我认为这对消费者行为学有很大的贡献。

营销传播基于心理学的两条线

所有营销的理论，从最根本上去讲，底层的逻辑、理论都是心理学。

营销传播心理学有两条线：一条线是从弗洛伊德到荣格，讲集体潜意识，这是艺术的一条线。第二条线是巴甫洛夫，巴甫洛夫讲刺激反射，刺激反射形成了行为主义，行为主义形成了大数据。

这个东西怎么跟大数据相关呢？刺激反射就是你分析消费者的心智，他的心智是什么，都是你在分析。而且你问他，他说给你的，不一定是他心里想的。他即使没骗你，也不一定能说出自己心里的真实想法。

所以，我们只看我们释放了什么信号，能促使他作出行为反射。我们就是要消费者掏钱买单的行为反射，我只针对这个行为做研究。

在20世纪40年代的时候，美国一个科学家叫维纳，他想刺激反射在生物身上都有，在人身上有，在狗身上有，那能不能把这个东西抽离出来,把它放到机器里面,他就提出了机器学习和机器繁殖的概念。这个现在大家觉得挺时尚的概念,其实七八十年前就有了。

什么是大数据呢?机器没有心智,机器只能做统计,统计这个信号对应哪个行为的反射,然后根据新产出的信号来推断它会有什么行为反射,这就是大数据。

未来科技的核心是统计学,因为你经过数据统计才能够找到行为反射,才能把这个东西喂给机器。

以上就是营销理论的两条线。

语言是最大的符号系统

最大的符号系统是什么?最大的符号系统是语言。既不是视觉,也不是听觉,而是语言,这才是我们符号研究的最重要的对象。营销传播的哲学问题,其重点就是语言哲学和修辞学。

语言是最大的哲学,也是人类的第一技术,因为你所有的一切都要用语言来表达,没有语言就没有人类的文明。

但是这个技术一直不成熟,我们语言相通,但是词语不通,我们各自对词语的理解影响了我们思考,干扰了我们去掌握真理。比如我们一起讨论品牌,但是你脑子里面想的品牌跟我脑子里面想的品牌不是一回事。

华与华有三大核心技术:词语的技术、符号的技术和持续改善的技术,其中词语的技术就是研究语言哲学的问题。

关于语言哲学,我也分享下与营销传播相关的,四个重大的语言哲学问题:

第一，词语就是召唤。这里主要涉及我们的品牌命名和产品命名，一个好的名字胜过100个创意。

第二，词语不仅说事，而且做事。这是海德格尔的话，意思是说词语不仅发挥表达的作用，而且它能够推进行动。

特别是在做品牌口号的时候，我们一定要去创造那种能做事的口号，而不只是想我们要说什么给消费者听，是一定要想到我们说什么之后要怎么做。

第三，语音居于语言的首要地位。和语音相对的是文字，而文字从属于语音。所以文字一定要能转化为语音，这样才能传播。

传播是一种听觉现象，包括做平面设计一定要能够进行听觉的转换。从语言哲学上来说，世界是说出来的，你说不出来的东西就不存在，就没办法传播。

有人说华与华的设计就是看图说话，我觉得这句话一下子说到了我们设计的本质，我们的设计就是一定要看图说话，如果你设计的东西看着图说不出话来，你这个设计就没用，就一定不能传播。

第四，口语要高于书面语。语音居语言的首要地位，而且口语要高于书面语。

怀特海在《思维方式》中说道："我们必须努力回到心理学，因为心理学造就了语言的文明。我们运用两种不同形式的语言，即口语和书面语。书面语的历史不过一万年，作为一种具有广泛影响的思维工具，顶多五六千年；而口语的历史和人性本身一样悠久，是构成人性的基本因素之一，口语是人性本身。"

诺伯特·埃利亚斯在《符号理论》中说："符号学是传播学的基础，因为没有符号，就没有传播。"语言学是符号学的主干，因为语言是最大的符号系统。在语言中，要首先强调语音的重要地位，因为文字系统只是语音的无声形式，用于储存、记忆和传承信息。无声形式降低了交流功能，强化了定向功能。但是，定向功能的最后达成，也必须以声音的回归来完成。

在《超级符号就是超级创意》中，我也指出传播是一种听觉现象，是一种口语现象，广告要禁用书面语，一定要用最接近语音的口语。结合我在《华与华方法》一书中所说的"信号能量原理"，可以看到口语相对于书面语，有更大的刺激信号能量，更能激发消费者的行为反射。

基于消费者的四个角色来进行编码

前面说过，华与华还有一个理论叫"消费者的四个角色"，我们把消费者分为四个角色：

第一个角色是受众；
第二个角色是购买者；
第三个角色是使用者或者叫使用体验者；
第四个角色是传播者。

实际上华与华是用超级符号的方法，重写了消费者行为学。我们把消费者的四个角色明确地划分出来，然后一个环节一个环节地给予解决方案。

绝大多数的营销传播方法都止于受众，一般的消费者行为学止于使用者，而华与华方法的价值是强调购买者和传播者。所以我们讲究的是到达率、传达率和信号能量。

讲营销传播一般会讲到达率，讲到达率就要讲千人成本，但是在营销传播成本里面，最重要的是传达率和信号能量，而不是到达率。用超级符号和播传的方法，我们就能够投一得十，得十望百，能把我们的传播效率提升100倍。

我们说超级符号就是品牌传播的一切，我们用超级符号的编码方法来重新建构广告、传播、设计，其中重要的是基于消费者的四个角色来进行编码。

"消费者"这个词表达的是人与商品的关系，所以我们思考消费者的时候，要围绕这个关系的变化来思考。我们把购买行为分为"购买前""购买中""使用中""使用后"这四个阶段。

第一，基于受众来进行编码。"被发现"是品牌的生死点，茫然、遗忘是受众的典型行为，我们要做的就是唤醒受众，让受众注意到我们。

为什么我们要把"累了困了喝东鹏特饮"在广告画面中放那么大？其实我就是想让只要从那儿过的人，他不困也马上刺激他犯困，赶紧去买一罐，这就是针对受众。

第二，基于购买者进行编码就是要提供一个行为信息，刺激他做出行动。比如说《华杉讲透〈孙子兵法〉》，整个封面的设计都是基于购买流程设计的。

第三，基于使用者进行编码，重点是要创造值得回忆、乐于谈论的体验，期待及验证心理是使用者的典型行为。比如我们为云集设计的快递箱，江小白的瓶盖，小鸟鲜燕的包装等，都是在设计使用者的体验。

第四，基于传播者的编码就是要设计好让他怎么去传，感性、主动、无意识是传播者的典型行为。就像刚说的，设计要能转化成听觉语言，就是为了让人能够去播传。

我们一直强调"传播的关键在于传，而不在于播"，我们做的所有东西，一定是要基于它能够传，我们才投入资源去播。

我们讲了营销传播的四个问题、消费者的四个角色以及所有营销传播的技术理论。最后，我想说华与华方法比华与华重要，是华与华为华与华方法服务。

广告业曾经是在企业界思想的塔尖和技术的塔尖，但后来在思想上落后了。现在华与华在营销咨询业也算是取得了一点小小的成绩，而作为读书人，我自己在学术上面一直有三个愿望：

第一，希望用超级符号重新建构品牌营销传播学；
第二，希望用博弈论重新建构企业战略学；
第三，建立具有中国文化底蕴的企业哲学。

为此，在2020年11月24日，华与华联合浙江传媒学院，一起成立了超级符号研究所，我们会和浙江传媒学院的老师们，一起开展学术活动，不断加大在学术上面的投入。

明年我们举办华与华百万创意大奖赛，会换一个更大的场地，让更多的朋友参与进来。

华与华超级符号案例点评语

华 杉
华与华营销咨询有限公司创始人

　　我一直认为，成功都是运气，不败才是本事，所以一直坚持"不败兵法"，要求"零风险"，不能保证每个客户都成功，但一定不能让任何一个客户因为我们的错误或冒失而失败。但即便这样，我们也只能避免整体失败，在过程当中一些局部的动作、创意或产品推出上失败那是完全无法避免的，那我们就算总账，我称之为用成功来消化失败。

　　不过，话说回来，在洽洽这个案例上，我们的运气实在是太好了！遇见了好客户，接受和执行效率极高，这是第一好。连续做了三个爆品，就算我们的方法对头，创意精彩，执行到位，也必须有运气的参与才能发生，这是不可多得的。

洽 洽
掌握快消品牌营销关键技术

洽洽食品想必大家都非常熟悉，或许很多人都是吃着洽洽瓜子长大的。洽洽食品成立于2001年，如今已是中国坚果炒货行业的领军企业，并在2011年于深交所正式挂牌上市，成为中国坚果炒货行业第一股。

这样一家成立已20年的国民级企业，在2019年带着一个棘手的大课题找到我们：洽洽作为瓜子行业的老大，现在决定要发展坚果业务作为企业第二曲线，从中国的瓜子第一，发展为瓜子、坚果双第一，同时定下了"五年百亿，坚果第一"的战略目标。

面对如此庞大的战略转型，需要快速实现企业的自身发展战略，准确找到行业的战略重心与决胜点，把复杂问题简单化，建立起洽洽坚果的百亿事业版图。接下来将通过本案例为大家一一讲解，如何用产品实现战略。

引 言

华与华说："所有事都是一件事。"洽洽案例是华与华在快消行业"包装设计＋产品战略＋企业战略＋品牌营销"一体化的代表案例。20年来洽洽一直是中国瓜子炒货行业的领军企业，近两年，又一跃成为中国坚果行业的领军品牌。

华与华与洽洽合作开始于2019年2月，同年7月18日，洽洽首次对外发布全新品牌战略"洽洽掌握关键保鲜技术"，与此同时，华与华为洽洽设计的全新产品包装也同步上市发售。新包装上市首月，销售同比提升120%，销量、市值双双破新高！

2020年，华与华在成功为洽洽打出第一个拳头产品后，又快速拉出风味每日坚果和坚果早餐两大品类包围圈，相继推出洽洽早餐每日坚果燕麦片和洽洽益生菌每日坚果两个重量级新品，两个产品一经上市再次大获成功。

其中，洽洽小蓝袋益生菌每日坚果试销首月业绩突破1200万，次月2000万，洽洽早餐销售环比增长200%。洽洽"三驾马车"全面领跑洽洽坚果的百亿事业版图。2020年9月，洽洽股价再创新高，上升至每股71.17元（2019年2月洽洽股价每股为17.8元），两年内股价翻了4倍，市值也突破355亿大关。

那这两年间我们究竟做了什么，能让洽洽在巨头涌现、错综复杂的坚果市场博弈中迅速锁定胜局，一战而定，成功拿下坚果第一品牌呢？接下来，本文为您一一讲解。

▲ 洽洽小黄袋产品货架实拍

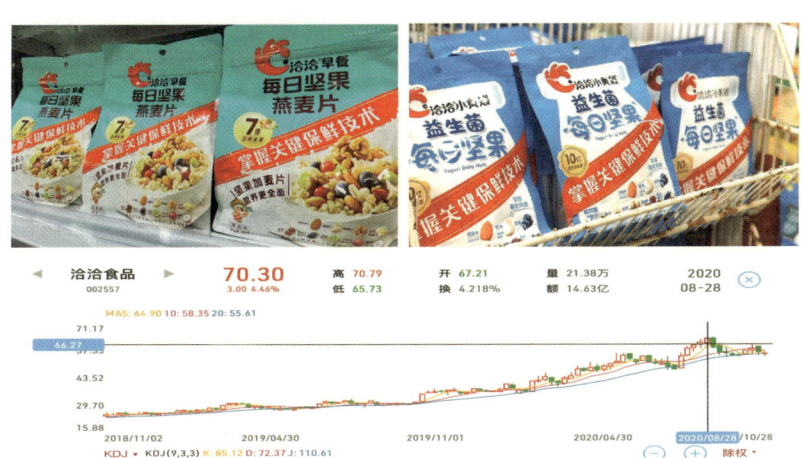

▲ 两大新品货架实拍图及2020年8月28日洽洽当日股价

第一章

包装设计：
快消品行业的战略重心和决胜点

在华与华，有一个原则：一企一策，一事一议。在我们看来，每一件事情都有它不同的战略重心和决胜点，每一个行业都不一样。餐饮业、快消品、互联网、房地产等，它们的战略重心和决胜点是不一样的。

对于快消品行业来说，包装设计是品牌营销的战略重心和决胜点。包装设计不是一个平面设计工作，而是一个完善的营销战略行动。首先，包装上的任何一个图片和文字，都是整个战略的最后落地成果；其次，包装是快消品品牌最大的媒体，而且是免费的媒体。很多企业投入巨资购买媒体广告，但是对发挥包装这个最大媒体的功能都完全没有概念。

我用洽洽给大家举个例子：大家知道洽洽每年要生产多少袋产品吗？超过20亿袋。这20亿袋产品就是20亿个免费的广告位。想象一下，各位投资户外广告，电梯广告能覆盖多少人，有幸看一眼我们广告的人又剩多少？而包装是能够和消费者100%触达的！同时包装也是当顾客站在货架面前,我们和顾客交流的唯一媒介。

所以对于快消品,包装就是最大战略。问题就在于很多企业根本没有在包装设计上下功夫,以为包装设计是包装设计公司的事,其实是华与华的事。因为所谓的专业包装公司,可能包装设计完全没有入门。错误的专业分工形成了认知障碍。在行业内分成了若干个公司,在企业内也分成了若干个部门,把一件事给割散了,进而破坏了事物的完整性。

而华与华方法"所有事都是一件事",就是把所有的事情都整合起来,共同服务于最终目的,也打破公司的部门墙。那华与华究竟如何设计一款摆上货架就开卖的包装呢?

1. 对传播的理解

一切传播都是符号的编码和解码,超级符号就是营销传播的一切。

如何找到最有效的销售话术编码在我们的包装上呢,办法其实很简单,就是"现场卖货"。而且要卖足够多的时间!为啥?大家可以亲身去尝试一下,你在终端卖货1小时和卖12小时,所得到的信息是完全不一样的。所以,洽洽项目组的小伙伴在一线一待就是7天,早上9点到晚上8点,除了中午30分钟的吃饭时间,每天都是至少10个小时的卖货时间。

不仅卖货,还要观察每一位消费者从经过货架、注意货架、上前询问、试吃,再到最终购买的全部过程。现场反复测试产品的每一句购买理由,最终在销售过程中发现那句最有效的话。

在实际终端卖货和走访市场后我们发现,对于每日坚果这一全新品类,消费者的认知是模糊的,而现有包装信息不完整,想要传递的

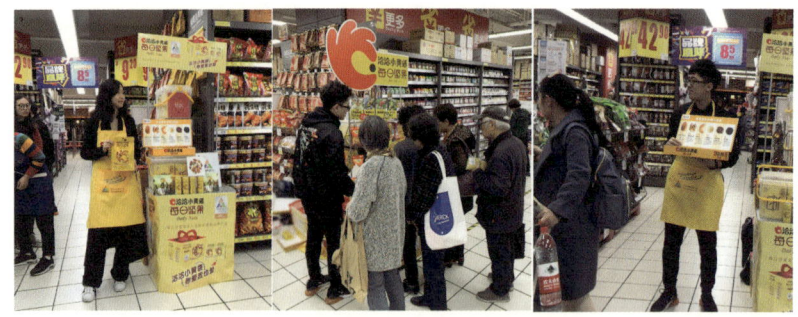

▲　洽洽项目组连续7天在一线蹲守观察并售卖现场图片

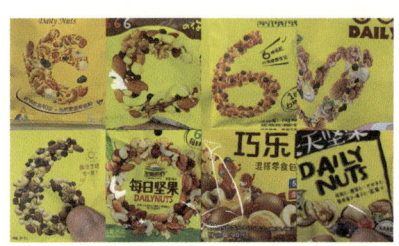

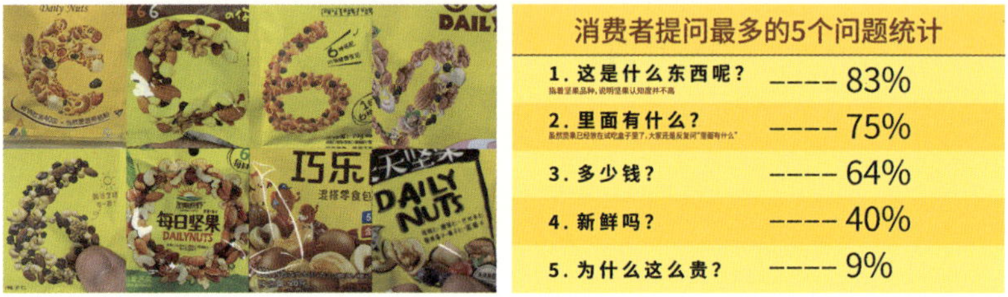

巧乐
DAILY NUTS
每日坚果
消费者提问最多的5个问题统计
1. 这是什么东西呢？ ---- 83%
2. 里面有什么？ ---- 75%
3. 多少钱？ ---- 64%
4. 新鲜吗？ ---- 40%
5. 为什么这么贵？ ---- 9%

▲　市面现有坚果包装及终端消费者问得最多的问题展示

信号传达不到消费者那里，消费者接收后又得不到有价值的信息和行动指令，大大提高了消费者的选择成本。那我们要解决这个问题。

当洽洽项目组同事站在大卖场里大喊："新鲜的每日坚果，欢迎免费试吃，您看我们这颗美国进口的巴旦木，又大又脆……"阿姨直接给我们回了一句："什么？啥是每日坚果？里面到底有啥？"根据数据统计，有83%的消费者竟然问得最多的问题是：这里面到底有什么？

所以我们把"每一袋内含4种坚果加3种果干"的信息做成了不干胶贴在了试吃盒和产品包装上，并且附上了令人有食欲的图片和说明，让消费者一看，就知道这是卖什么的，里面到底有什么。而就是这一处小小的改善，让产品的销售业绩第二天提升了1倍，多卖了400多块钱。

这个故事也告诉我们：调研不是你做个问卷问消费者问题，而是你自己去做一个星期售货员，看看消费者都问你什么问题！

2. 华与华做的创意和设计

创意不是在办公室里头脑风暴想出来的，而是必须去到现场，发现并总结出来的。

很多广告公司在给客户开会的时候，公司的销售部门说："你不了解下面市场的情况。"这个问题对于华与华来说，根本不存在，我们了解客户一线市场的情况比客户自己更多。

因为在华与华的规矩是：不能做销售冠军，就没有资格写文案；不会施工，就没有资格做设计。

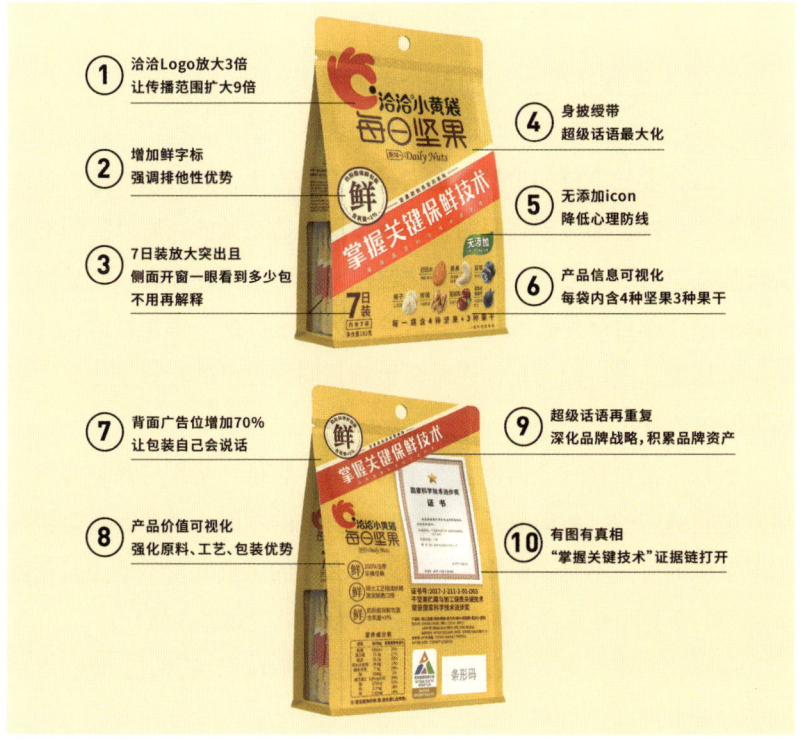

▲　洽洽小黄袋包装设计十大机关展示

同样的方法，我们把在终端测试后，最能打动顾客的词语和符号打磨后全部编码在了我们小黄袋的产品包装上。为新包装设计了十大机关，最终诞生了我们全新的小黄袋包装设计。

　　无论是在洽洽的产品家族包装上，还是终端陈列、品牌自媒体中，最明显的就是洽洽的超级符号：红绶带与"掌握关键保鲜技术"这句话。那这句话究竟是如何诞生的呢？

3. 首先让我们明确什么是定位——定位就是致良知

定位不是营销策划，而是企业家的观点

　　一家企业的定位如果是靠咨询公司策划出来，然后拿着这个定位去说服消费者，那等于是假的，因为你不是这么做的。所以我们不是去研究竞争对手，寻找一个差异化定位，也不是研究顾客，而是寻找洽洽这家企业自己是怎么想的。洽洽认为什么样的坚果是好的，好的坚果应该怎么做。因为是你在做坚果嘛，问你自己的心智是什么，不要去问消费者。

　　所以，洽洽在行业内做了20年的坚果，它认为坚果应该怎么做，那才是它的定位。我们只是帮洽洽找到自己的本源。就像乔布斯在做苹果手机的时候不是去研究顾客需要什么样的手机，也不是去研究竞争对手的手机是什么样，而是他自己认为手机应该怎么做！

　　所以我们不是顺应市场力量，也不是去适应市场力量，我们就是市场力量本身。

　　洽洽董事长陈先保先生认为，坚果最重要的就是保鲜。洽洽做

了20年的坚果，企业的全部成本都投在了保鲜上面，一包小黄袋的诞生，在洽洽内部要经历237项指标检测及品控。洽洽在2020年1—10月公开被抽检的3446次中，不合格次数为0，而要想做到0，洽洽坚果标准将是行业标准的456倍。

> 我们的成本投入在哪里，我们的竞争壁垒就在哪里

正是洽洽董事长陈先保先生对于新鲜的严苛要求与投入，2017年12月，洽洽在"干坚果贮藏与加工保质关键技术及产业化"方面荣获了国务院颁发的国家科学技术进步奖。这既是企业的价值壁垒，也是当下行业的最高本质。这一点很重要！你投资宣传的价值，是别人无法超越的，实打实的竞争壁垒，不是一个广告概念。

所以当我们看到这个证书后，觉得就是它了！然后运用华与华修辞学的技术，我们提出了"掌握关键保鲜技术"的品牌谚语。通过

▲ 洽洽坚果荣获国务院颁发的国家科学技术进步奖

011

"掌握""关键""技术"这三个词语所释放的强大信号，让文字的编码与解码效率做到极致。我们还抓住了一个荣誉符号——绶带，这个全世界都认识、熟悉、喜爱的人类文化符号，整体编码成为洽洽品牌和包装上的超级符号，在终端建立货架优势，让我们的包装不需要金牌促销员，自己就能把自己给卖出去。

4. 洽洽广告的成功，不是靠定位"新鲜"，而是靠"修辞"

所以，洽洽成功后，很多人说是定位保鲜成功了，却不知道成功的真因是修辞，是"掌握""关键""技术"这三个词语释放的信号发挥了作用。市场上还出现了大量的模仿，甚至有人跟风叫新鲜零食专家，以为可以抢占这个定位。只能说这既没有先知先觉，也没有后知后觉，从头到尾都是不知不觉。

"掌握关键保鲜技术"是修辞学，"保鲜"是成本壁垒。

第二章

产品结构就是企业战略路线图，任何战略最终都要落实为产品战略

什么叫战略？

一战前的普鲁士军事理论家克劳塞维茨，在他的不朽名著《战争论》中，是这样定义战略的：战略是为了达到战争目的而对战斗的运用。

因此，战略必须为整个军事行动规定一个适应战争目的的目标，也就是拟订战争计划；并且必须把达到这一目的的一系列行动和这个目标联系起来，也就是拟订各个战局的方案和部署其中的战斗。

所有这一切，大多只是根据那些与实际并不完全相符的预想来确定，而许多设计细节的规定根本不能在事先做好。因此，战略也必须到战场上去，以便在现场处理各种问题，并且不断对总计划做出必要的修改。所以，战略是在任何时刻都不能停止的工作。

我们把决战目标称为战略，把达到这一目标的一系列会战称为路线，也就是整个战略计划。

企业的产品结构就是企业战略路线图，所以任何战略最终都要落

实为产品战略。我们常说没有产品，就没有战略。而所谓的产品战略共包括三个层次，华与华方法称之为"产品战略三角形"。

（1）产品结构，要展开哪些业务，研发哪些产品，形成什么样的产品家族；

（2）产品角色，每一个产品扮演的战略和承担的战略任务；

（3）战略次序，先做哪块业务、哪个产品，后做哪块业务、哪个产品。

为了让大家更好理解，我们用中国智慧的战略游戏——围棋，来和大家生动地展示一下如何用产品实现战略。

这是一个围棋棋盘。首先我们把整个棋盘定义为一个品类市场。作为一个围棋的初学者也应该知道围棋的第一步要先占四角，为什么要先占四角，因为这四个角是最重要的。

运营企业就和下围棋一样，第一步要先把最关键的位置占住，我们把它叫作"立金角"。"金角"也可以理解为是企业的根据地，是核心业务、竞争壁垒。

有了金角之后，我们就要开始围绕这个金角拉银边，所以企业的下一步就是围绕我们的核心产品（核心业务），逐步建立起来一条产品线或者是一个业务组合，我们把它叫作"银边"。

立金角

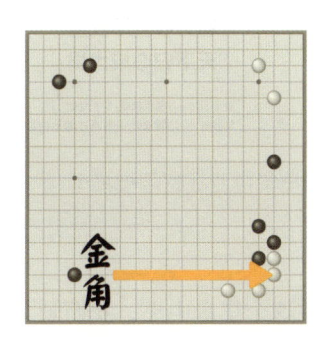

拉银边

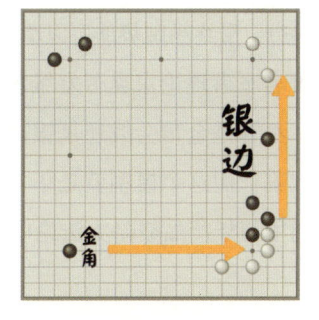

包围草肚皮

华与华围棋模型&战略镰刀

战略就是下围棋
金角银边草肚皮
金角占据制高点
银边拉出包围圈
镰刀收割草肚皮
天下归心成大局

金角银边——品类权威/竞争壁垒
草肚皮——边际效应/战略镰刀/最后的盈利

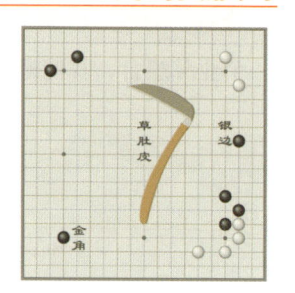

▲ 华与华企业战略围棋模型

在这个棋盘中央，我们画了一把战略镰刀，它的作用就是收割草肚皮，有点类似我们说的割韭菜。草肚皮就是我们品牌通过不断建立金角、银边，最终品牌势能可以覆盖的整个业务范围，进行全品类收割！

著名军事理论家克劳塞维茨说："所有的会战都是为了最后的决战。"不管是金角会战还是银边会战，我们的最终目的都是要实现全品类收割！而这个模型就是华与华画了20年的企业战略围棋模型，也是我们华与华产品战略方法论中重要的组成部分。

1. 金角占据制高点，成功扎根坚果业务

回到洽洽这盘棋。我们把小黄袋作为洽洽坚果的第一个金角产品，扮演着开疆辟土的战略任务，成功扎根坚果赛道，建立洽洽坚果的品牌。粟裕说："第一次战斗的胜利要为第二次战斗创造条件。"所以小黄袋的胜利就要为其他产品创造平台与条件。

▲ 洽洽企业战略围棋模型——金角产品

2. 银边拉出包围圈，收割品牌边际效益

在做活第一个金角后，我们要开始拉银边，所以2020年我们又推出了洽洽坚果的银边产品：洽洽小蓝袋益生菌每日坚果。围绕每日坚果这条银边，实现风味化的产品创新，释放品牌边际效益。

同时延续小黄袋成功的真因，以包装为战略重心，我们将超级符号"红绶带"与超级口号"掌握关键保鲜技术"应用到洽洽小蓝袋的产品包装上，共享洽洽超级符号的品牌资产与品牌红利；并突出"特别添加10亿活菌"的产品差异化卖点，提出"益生菌加坚果，吃一样补两样"的购买理由。

同样以包装为战略重心，我们设计了益生菌每日坚果的产品包装，拉上了我们的超级符号红绶带，共享洽洽超级符号的品牌资产与品牌红利，并围绕每日坚果这条银边，成功释放出了品牌边际效益。

所以企业的银边产品，它的作用是释放品牌边际效益。因此，作为银边的洽洽益生菌每日坚果在没有做任何广告的情况下，上市首月，销售就轻松破1200万，第二个月销售又翻了一倍，突破2000万。

▲ 洽洽益生菌每日坚果

▲ 洽洽企业战略围棋模型——银边产品

所以我们常说超级符号是起点也是终点，品牌始于符号，最终成为符号。

问题：随着新品销售的巨大成功，我们很容易就想到是否要投资广告把这个新品做大，对吗？如果你是经营者，这两个产品你会选择投资哪一个呢？我们会发现在企业经营过程中时常会遇到这样的十字路口问题，那该如何去思考？

第一，首先要明确自己手里到底有多少资源

我们时常会听到这么一句话："企业在传播上要投入足够多的资源，将定位植入顾客的心智中去。"可是这句话成立的前提是企业要有足够多的资源，而足够多的传播资源是根本不存在的，我们有谁可以保证自己有足够多的传播资源呢？我们会发现自己永远是在资源不够的情况下工作的。

第二，产品成功的真因到底是什么？不要原因要真因

我们非常清楚洽洽这两个产品之间的关系，是因为金角小黄袋的成功带动了第二个银边产品益生菌每日坚果的销售，小黄袋的成功是因为投资了"有油哈味，就是保鲜不到位！洽洽掌握关键保鲜技术"这句话，所以我们在这句话上面的投资是固本。

益生菌每日坚果是一种产品组合的创新，是很容易模仿的，而真正的品牌是无法模仿的。如果我放弃了对小黄袋每日坚果的投资，就等于放弃了对根本的投资，去投资枝叶，最后反而会失去连接品牌文化原力的通道。

为品牌"培根固本"，才是正确的投资选择

所以关于是否要投资广告把新品做大的问题，答案是不需要。企业的全部预算应该继续投资给小黄袋每日坚果，如果我们的预算能够加倍，那就应该继续加倍投资原来的本，为品牌"培根固本"，才是正确的选择。

我们会时常遇到企业经营过程中的每一步该怎么走的问题。当我们站在企业经营的十字路口，怎么才能不走弯路，每一步都走对呢？

这也是华与华与企业合作的另一大价值。华与华不仅提供咨询方案，还规划企业经营发展过程中的每一步动作应该怎么去走，这种过程中的决策价值有时会比咨询方案更有价值。

华与华的真正价值在于：临大事、决大疑、定大计。

在下完这两步棋之后，我们就已经基本坐稳了中国每日坚果第一品牌，这时我们要开始为未来布局，下第三步棋。

第三章

成功发掘第二金角,开辟新赛道

华与华不仅是解决方案的供应商,也是任务供应商;不仅接受客户给我们派的活,也会主动给客户派活。我们今天要讲的第三个主角——洽洽早餐每日坚果燕麦片就是个例子。

旧　　　　　　　　新

▲ 每日坚果新旧包装对比

在成功做活第一个金角和银边后,这时候我们要开始下第三步棋,为未来做规划!这时我们发现了洽洽一款原有的产品——每日坚果燕麦片。

其实当我们刚发现洽洽早餐这款产品的时候,非常有意思,它叫作"坚果麦克斯·每日坚果燕麦片"。一看到这款产品,我们就知道这是可以发大财的产品。但是,一看到之前的包装,就看到了策划设计者心中的"三大纠结"。

1. 坚果燕麦片原有包装上的三大纠结

首先,洽洽的产品人想到了一个伟大的产品开发——每日坚果燕麦片,但又受到一些错误理论的影响,觉得燕麦是个新品类,那就得用一个新品牌,然后就用了"坚果麦克斯"这个品牌名。"麦克斯"

是根据英文"Max"直译来的,这是第一个纠结。

第二,有了坚果麦克斯这个品牌之后,自己也知道,如果不放洽洽的商标,就卖不出去,就像当初刚做小黄袋每日坚果时也是使用了洽洽的品牌,于是放上了洽洽的商标。

可是放上洽洽商标之后,第三个纠结又来了,觉得这是另外的品类,好像不能用洽洽的商标,于是又在下面增加了"洽洽荣誉出品",所以这背后都是心中纠结。

王阳明说:"破山中贼易,破心中贼难。"我们走多少弯路,就是因为心中的一些莫名的纠结,本来靠常识一眼就看明白的,因为这些纠结的存在,反而把自己给搞得糊涂了。

2. 祛除错误思想,擦亮品牌良知

就像罗素常说的:"人生而无知,但是并不愚蠢,是教育使人愚蠢。"人变得愚蠢,就是受到了一些错误思想的引导。

华与华就是要破除错误思想,擦亮品牌良知,所以我们常常也是在给企业做心理咨询,拨开那些精神迷雾和思想的烟幕弹。

所以第一步就是要破除这"三大纠结"。我们将它重新命名为:洽洽早餐,每日坚果燕麦片。跳脱出原来的想象,直接杀入早餐赛道。我们还放大了洽洽的品牌信息,继承"洽洽,掌握关键保鲜技术"的品牌资产,既建立了统一的包装符号,又能让它享受到前面品牌资产所带来的边际效益,还能让洽洽早餐的包装反过来为"掌握关键保鲜技术"进行二次投资,一箭三雕。

重新设计后每日坚果燕麦片作为洽洽坚果的第二个金角产品打入市场。新包装全新上市后,业绩立马突破8位数,环比增长204%,再次取得耀眼的增长数据。

至此，洽洽的"三驾马车"诞生了。小黄袋作为金角产品，小蓝袋是边际效益，洽洽早餐是新赛道。

所以我们说战略就是下围棋，金角银边草肚皮，金角占据制高点，银边拉出包围圈，镰刀收割草肚皮，天下归心成大局。就是通过这盘棋，一举建立起洽洽坚果的百亿产品版图。

▲ 洽洽早餐

第四章

洽洽速度：从提案到全国铺货共用时23天

洽洽案例是华与华在快消行业"包装设计＋产品战略＋企业战略＋品牌营销"一体化的代表案例，以包装设计为起手式，一举抓住快消行业的战略重心，一战而定，每月销售翻倍增长，两年内企业市值增长四倍！

产品结构就是企业战略路线图。华与华在推动洽洽小黄袋成为金角产品后，又快速拉出风味坚果和坚果礼的品类包围圈，同时设计开发洽洽早餐坚果燕麦片产品成功打入早餐市场，销售环比增长200%，用"三驾马车"全面领跑洽洽坚果的百亿事业版图。

所以我们总结，华与华和洽洽合作两年，做了五件大事：

1. 纠正定位偏差，找对课题。用修辞学的原理，为洽洽提出"掌握关键保鲜技术"的超级口号，贯穿企业战略、品牌营销、产品开发等一切经营活动。

2. 包装设计才是快消品的最大战略。以包装设计作为企业战略重心，帮助洽洽小黄袋在巨头涌现、错综复杂的坚果市场博弈中迅速锁定胜局。洽洽销售的巨大增长，短短三个月迅速成为线下第一品牌，成功扎稳洽洽坚果第一个金角。

3. 为洽洽全新开发每日坚果类银边产品：洽洽益生菌每日坚果，成功拉出每日坚果品类包围圈，释放边际效益。上市首月，销售破千万，次月销售再翻倍。

4. 成功发掘洽洽早餐每日坚果燕麦片，重新包装、重新开发，将其作为洽洽的第二个金角产品推入市场，一经上市再次大获成功，试销100天，销售突破8位数，环比增长204%。

5. 充分发挥咨询公司的跨行业经验，为洽洽成功导入保健品礼盒行业经验，相继开发出洽洽每日坚果礼、洽洽坚果礼等年节礼盒系产品，成功引爆洽洽年节市场。

1. 方案执行速度最快的客户——洽洽

华与华的观念是：没有创意，策略等于0；没有手艺，创意等于0；没有执行，一切等于0。所以每个项目提案后的落地执行才是整个提案最关键的一步。而问题就在于有人只看到成功案例的光鲜，却从不关注每个成功案例在执行上付出了哪些努力。

> 凡事彻底，高效执行，只有执行得越好，效果才能越好

任何一个项目能在行业内取得好的业绩，关键点就是在项目的落地执行上面下足了功夫，尤其是像洽洽的执行能力：落地速度快，还凡事彻底。

2019年我们为洽洽坚果的第一个金角产品——小黄袋提出了全新包装设计后，整个项目组当即对整个产品包装的打样、跟色进行了全程把控，目的就是保证产品上市落地的每一个细节都完美。

而从客户角度来说，提案结束后我们的工作就已经算顺利完成，但对于华与华来讲并没有，因为后面还有非常重要的一步，就是包装印刷和制作。

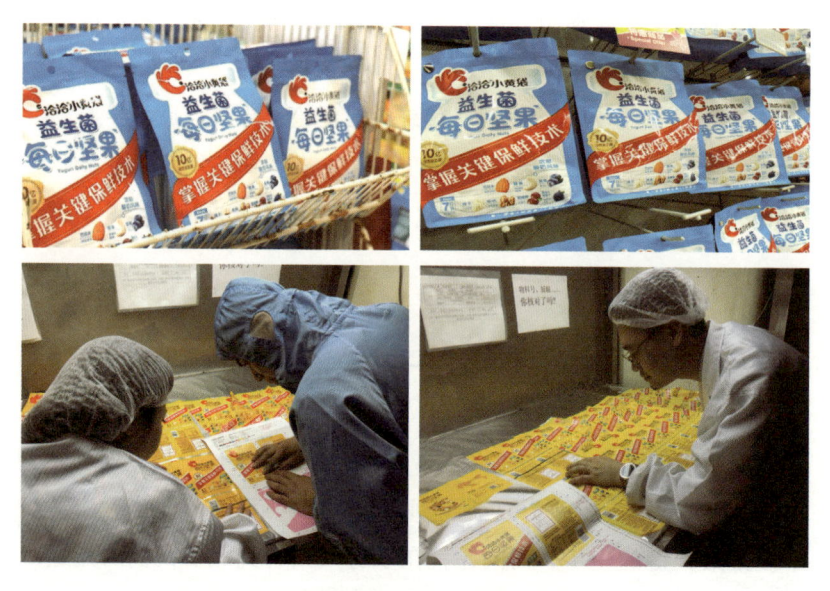

▲ 华与华设计师李江海、林微到工厂现场调色

026

要知道无论你设计稿上的图案如何精美，最终呈现在消费者面前的是包装实物。所以对出品质量的把控是很重要的，我们必须让新产品包装的"买家秀"和"卖家秀"一样完美。因此我们决定主动把包装印刷做彻底，亲自到印刷车间，一一把控印刷过程中每一个环节。所以我们在工厂一待就是十几个小时，三次赶赴印刷厂，解决三大印刷难题。2019年5月27日至6月1日，华与华洽洽项目组设计师李江海、林微三次从上海奔赴500公里外的包装印刷工厂，先后对包装的制版样、包装颜色、材质质感等进行了详细核对直至最终确认，一直跟到落地执行的最后一步。

洽洽速度的背后，是双方的完全信任与持续改善精神

其实很多时候，项目落地执行速度慢，关键在于公司内部高层的决策速度和公司部门墙。很多时候不是下面的人执行速度慢，而是决策者犹豫不定，左顾右盼，总想找到一个完美的解决方案，结果一拖再拖，往往错过了最佳的销售时机。

如果有一个办法可以多赚一分钱，马上执行！把这一分钱先赚到

日本的松浦老师在给华与华做分享时提到了日本的大阪商人精神，如果有一个办法可以多赚一分钱，马上执行！把这一分钱先赚到，而不是去思考怎样能多赚一块钱，那是下一步的事情。没有"完善"的方案，只有持续改善的方案，三年过去了，还是不够完善。十年过去了，还在原地打转。

因此洽洽速度的背后，既是在相同工作上的持续改善，也是洽洽对华与华完全信任、完全托付的结果。

工作内容	上午	下午
1	洽洽小蓝袋方案提报	双方确认提案内容，达成共识，快速执行
2	产品包装文案确认	产品包装完稿设计
3	产品包装完稿设计	华与华审核包装完稿设计，并提交数码打样
4	包装数码打样	双方确认包装数码样，明确修改意见
5	提前沟通印刷工厂	
6	排除错误动作	
7	印刷工厂制版（第一次）	
8	双方确认制版文件	双方明确改善意见
9	印刷工厂调整制版细节	
10	印刷样版运输	
11	工厂打样校色华与华校色	
12	产品包装大货印刷	
13	到库交由洽洽生产加工	
14		
15		
16		
17		
18		
19	首批样品	确认首批样品品
20	产品入库装车	
21	运输上海	
22	洽洽全球战略新品发布会	
23	全国铺货上市	

实现洽洽速度的关键在于两点：决策时间、执行时间

从23天的工作复盘中我们可以看到，影响落地执行速度的两大关键点：一是决策时间，二是执行时间。从提案到双方最终决策只用了一天时间，就迅速达成共识，快速推进。

一是在决策时间上，很多企业往往白白浪费和消耗了大量时间成本。

二是执行时间，基于前两次对洽洽小黄袋和洽洽早餐的包装设计制作流程，我们提前进行了规划，为了保证包装的顺利打样，防止出现因制版问题导致的返工和浪费，我们提前在印刷制版环节进行了三次工厂沟通，把之前出现的问题提前与工厂落实清楚，避免出现制版上的错误。也正是因为问题前置，提前堵塞了错误的源头，让小蓝袋

包装在印刷过程中一次做对、一次做全，大幅节约了时间成本，提高了执行效率。因此从提案到全国铺货，洽洽小黄袋用了60天，洽洽早餐每日坚果燕麦片用了43天，洽洽小蓝袋只用了短短的23天。

所以，洽洽业绩成功的背后，都是客户凡事彻底执行，踏踏实实干出来的结果。

而在洽洽速度的背后，既是华与华与洽洽双方在工作上的持续改善精神，也是洽洽对华与华完全信任、完全托付的结果。

洽洽小黄袋产品
60 天上市

洽洽早餐产品
43 天上市

洽洽小蓝袋产品
23 天上市

华与华方法

华与华企业战略围棋模型

克劳塞维茨的战略思想体现在他的决战论——所有的会战,都是为了最后的决战。所以你一定要心中有决战,就是上文说的"战略必须为整个军事行动,规定一个适应战争目的的目标"。然后安排一系列的会战——把达到这一目标的一系列行动和这个目标联系起来。

我们把决战目标称为战略,把达到这一目标的一系列会战称为路线,也就是整个战略计划。在华与华的方法中,我们用中国人的战略游戏围棋来思考,这个路线图称为棋局上的金角银边草肚皮。下围棋的过程,就是先点金角,最容易做活的就是角,然后是边,最后看占的草肚皮的大小决定胜负。

金角的根据地,是核心业务,是竞争壁垒。银边是围绕一个核心业务、核心产品,建立起来的一条产品线,一个业务组合。

整个棋盘是我们定义的一个品类市场,而草肚皮是我们的品牌,是能最终覆盖的业务范围。当我们建立起几个金角银边,我们能够在整个市场获得压倒性优势和实现全品类覆盖。

那么，我们的战略路线图就是以下内容：

1. 定义我们的棋盘——企业社会责任和使命，要解决什么问题；
2. 设计我们的业务组合和产品结构，这是该社会问题的解决方案；
3. 决定进入和开展那一块业务的先后次序；
4. 依次开展业务；
5. 完成全品类覆盖。

就像解放战争，先是占领江西的金角，然后是长征到陕北——占据第二个角，其间还有若干敌后根据地等若干个角。最后的决战，先从东北这个超级金角开始，逐鹿中原，最后依靠三大决战夺得全国胜利。

华莱士

wallace | Burger & Chicken

全国门店一万家

华与华超级符号案例点评语

华 杉
华与华营销咨询有限公司创始人

华与华有三大学术使命：第一，用超级符号重新构建品牌营销传播学；第二，用博弈论重新建构企业战略学；第三，建立具有中国文化底蕴的企业哲学。

华莱士就是一个具有极大学术价值的案例，在很多快餐创业者都喊着要"打败麦当劳"的时候，华莱士开始用博弈论的思维去看待各个市场博弈参与方，着眼于创造更多的价值和自己的未来，从博弈论视角为我们重新理解制定企业战略提供了一个实践案例。

不仅如此，超过15 000家门店的活动执行，在企业内部"将执行方案当作产品来打磨"的原则，华莱士的经营模式也为我们提供了一个"品牌管理"的最佳实践！

华莱士

永不挑战麦当劳，通过博弈赢得自己的未来

面对国际巨头的威胁，中国本土企业该如何与它们竞争？

这是一个很常见的问题，因为竞争论的思维仍然是绝大多数企业思考战略营销的起点，也是它们错误的根源。华与华认为不要竞争思维，要博弈思维，商业活动不是竞争导向是顾客导向，而且不仅是顾客导向，更是所有利益相关方导向。博弈就是在这众多博弈关系中，找到一个纳什均衡，找到所有人的占优策略，从而赢得更多的市场和利润。

2000年，华怀余、华怀庆两兄弟创立华莱士，通过在产品、价格、渠道等维度的一系列创新，在20年后的今天，成为中国门店数量最多的西式快餐品牌，全国门店数量超过15 000家。华莱士获得如此巨大的成功，并不是因为它打败了谁，而是因为它始终只盯着自己的生存和服务问题，二十年如一日，未曾改变。

第一章

不要竞争思维，要博弈思维

华莱士的"全鸡汉堡"品类策略，已经成为2020年餐饮圈的热议话题。业界很多人都在分析，有人说华莱士现在的成功是定价的成功，有人说是供应链建设的成功，也有人说是"全鸡汉堡"这个品类的成功。这些说法都对，但都只停留在"战术"的层面，没有洞悉到华莱士成功的"战略真因"。

华莱士对于现代商业社会来说是一个具有巨大学术价值的案例，它明确了"商业活动不是竞争导向，而是顾客导向，甚至是所有利益相关方导向"的事实。本文将带你从顶层战略思想开始，一一解开华莱士是如何通过"博弈思维"重新构建企业的战略难题。

1. 中国有6亿人的月收入只有1000元

2020年，李克强总理语重心长地说："中国是一个人口众多的发展中国家，我们人均年收入是3万元人民币，但是有6亿人每个月的收入也就1000元，1000元在一个中等城市可能租房都困难，现在又碰到疫情，疫情过后民生为要。"

6亿人的月收入仅1000元意味着什么？意味着我们在大街上每遇到3个人，可能就有一个人的月收入只有1000元，意味着按照一日三餐来计算，他们每一天都不断地面临一个问题："今天，10块钱我还能吃到什么？"

可能是半碗兰州拉面，是三分之一份炒饭，或者是九分之一个比萨饼。

但10块钱在华莱士能买到什么呢？3个汉堡。

20年前可以，现在在一些三四线城市也一样可以，这个促销活动华莱士做了整整20年。

这是华莱士这家企业的起点，也是一直萦绕在华怀余、华怀庆两兄弟心里的一个愿景："这些收入不那么高的人，他们也想要、也有权享受到品质更好的食物、更好的生活，而这正是我们的责任，更是我们的能力。"

正是因为这样，才诞生了华莱士20年不变的企业经营使命：做让人人都吃得起的、高品质的洋快餐。

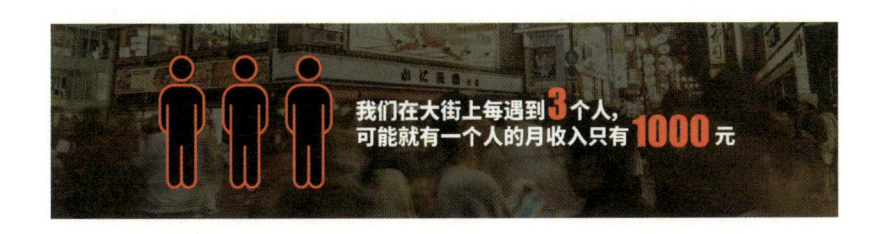

2. 面对麦当劳等行业对手的威胁，该怎么办

2019年5月，华莱士正式与华与华达成合作，当初找到华与华的时候，这家大多数人心目中的小企业，已经在全国拥有了超过12 000家直营门店，比麦当劳和肯德基在国内的门店加起来还多。而已经获得成功的他们，在第一次见面的时候，问了华杉一个问题：麦当劳发布5年战略，计划从2017年开始每年开店500家，同时将三四线城市的门店占比提升至45%，并推出大量的工作餐、半价餐等活动，也预示着他们正在下沉渠道，降低价格。如果该趋势延续下去，可能会对华莱士的优势市场形成冲击，华莱士该如何与他们进行竞争？

华杉当时回答："一个班上有一个班花，20多个小伙子都喜欢她，但就算你把其他小伙子都打败了，这个班花也不一定会跟你，所以泡妞的关键在于妞而不在于情敌。"

不可否认，当我们在谈论企业发展、企业战略的时候，往往离不开竞争这个词，这是商业界谈论最广泛的词语之一。很多人热衷于将商业竞争比喻成战争或者是体育运动的竞争，认为竞争就是打败对手，就是争夺顾客。

这样的比喻的确很吸引人，然而它实际上具有误导性，战争是零和竞争，只能有一个赢家。在这种情况下，一方的收益必然意味着另一方的损失，而且双方不存在合作的可能。

华与华并不这么看待竞争，我们更愿意将商业竞争比喻成演艺界的竞争，演艺界里可以同时存在很多优秀的演员或者歌手，每一个人都以自己的方式创造价值，每个人都能发掘并创造特定的观众，表演者越多、观众越多，演艺界也就越繁荣，这种价值创造叫作正和博弈。

所以，同行是一种假设，竞争是一种幻觉。

面对行业竞争对手的威胁怎么办呢？答案就是：不怎么办！因为

麦当劳5年战略

500家 从2017年开始 每年开店

45% 三四线城市 门店占比提升至

正和博弈 只关心服务好自己的顾客和自己的生存问题 不关心所谓的竞争对手

大家做自己的生意，不是为了威胁你，我们也做自己的生意，除了我们自己，谁也威胁不了我们。

3. 竞争不是为了打败对手，而是为自己赢得未来

德鲁克说过："企业追求利润最大化，不仅是错误的，而且答非所问，不如说企业追求的是利润最小化，因为利润是投入竞争的武器，那企业最大的追求是什么呢？就是基业长青，永续经营。"

华与华认为一切行动始终服务于最终目的。不要竞争论，要博弈论，博弈的过程就是和其他的博弈参与方，寻找到纳什均衡的过程，形成一个井水不犯河水的稳定格局，找到纳什均衡就可以基业长青。

所以，企业博弈战略就是以基业长青、永续经营为目的而制定的企业战略，不以打败谁为追求，而是与其他的博弈参与方求得纳什均衡。

面对麦当劳等行业巨头的潜在威胁时，华莱士不需要做出任何反

应，对它而言更重要的是：盯着自己的生存和服务问题，去思考该如何为自己、为顾客创造更大的价值。

那么华莱士该如何为自己、为顾客创造更大的价值呢？

第二章

用《博弈论》的小狗策略重塑企业4P

我们在研究华莱士企业发展史的时候，发现了一件非常有意思的事情：华莱士的产品绝大多数供应商和麦当劳、肯德基是同级别，甚至是一样的，这也就意味着，卖得便宜其实比卖得贵更了不起。

这不仅是一个伟大的选择，更是一家企业对成本的精准控制，这背后是一系列了不起的、独特的经营活动，独特的成本结构。

华与华认为做任何决策都要放到100年的时间维度里去看，与其追逐不断变化的市场风口，更应该坚持不会变化的本质。作为一家快餐企业，这个本质就是"便宜"和"便利"，所以对于华莱士来讲，最好的选择，是践行《博弈论》的小狗策略，保持并扩大自身优势。

1. 小企业和大企业共存的关键秘密：小狗策略

小狗策略又叫作柔道策略，是博弈论中的重要企业战略抉择之一，是指小企业在大企业的阴影下发展壮大并与之共存的时候，尤其

美国西南航空的战略定位不是廉价航空，而是这一组经营活动

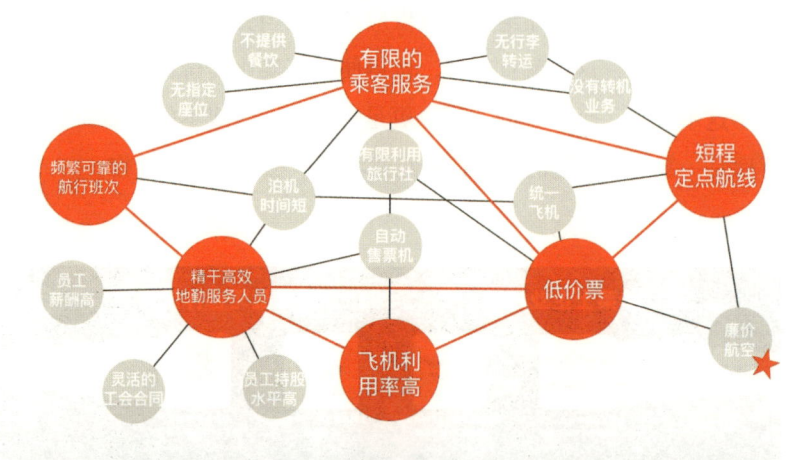

要注意避免成为大企业的目标敌人，不要引发大企业的攻击，要确保自己对大企业没有威胁，只是开拓出自己的生存空间。

在世界范围内践行小狗策略最成功的企业是美国西南航空公司，他们通过"聚焦短程航线""提高设备利用率""简化服务"等一系列独特的经营活动，实现了在各航空业巨头经营的领域里快速发展，并在1973年就达成了市值大于其他公司之和的成功。

华莱士的发展历程和生意模式，与美国西南航空公司有许多相似的地方，他们都围绕"平价"的定价模式建立起了一整套支持性的经营活动，并为之坚持了许多年，成功后也不曾动摇。

那么华莱士该如何践行小狗策略呢？我们用营销4P来进行总结，因为4P就是营销的一切和一切的营销。

2. 企业博弈战略下的华莱士营销4P

> **第一，定价策略，保持低价，不要提价与麦当劳等行业巨头形成正面冲突**

根据《2019年小吃快餐品牌价格带金字塔》的数据我们发现，除了麦当劳、肯德基、汉堡王3家国际汉堡品牌位于30元价格带，大部分新进入中国市场的汉堡品牌都是高价策略，就像哈比特汉堡48元，shake shack的人均更是高达87元。

而和华莱士同处于20元价格带的品牌少之又少，几乎都是地域性的小品牌或夫妻店，甚至是一些三无品牌，在这个市场上华莱士的产品品质更有保障和竞争力，所以，不应该提价和麦当劳等企业形成对冲，这是我们与行业巨头在定价上的博弈。

2019小吃快餐品牌价格带金字塔

第二，渠道策略，加大渠道密度，继续深耕三四线城市及下沉市场

基于华莱士的定价策略，三四线城市和下沉市场的街边店仍然是华莱士的核心渠道之一，而在这个维度，博弈关系最不明朗的是：外卖平台。外卖平台的崛起对华莱士形成了一定的压力，但是便利性才是快餐服务的最终目的，只要继续加强渠道密度，外卖对华莱士的影响就会逐渐减小。

因为外卖趋势加强，意味着外卖专门店增多，因此，选择商铺的品牌就会减少，最终租金降低，我们就可以开出更多的门店，而我们的门店越多，在外卖平台的权重也就会越高。

> 第三，产品策略，继续优化单店投资与经营的成本结构，加强规模优势

麦当劳、肯德基等品牌过去聚焦商圈大店，以产生强大的品牌势能为目的，所以标准店铺面积普遍以250㎡以上的大店为主，麦当劳的标准厨房面积更是高达70㎡。

由于厨房面积大、设备多等因素，油烟排风等物业要求就会很高，这无形中形成了两个制约因素：第一，能满足他们的街道物业相对较少；第二，单店的投资成本高，200万元起。

而基于华莱士的定价和渠道策略，华莱士要选择50㎡的小店，甚至是更小的社区档口店，这样华莱士能选择的物业就比他们更多，华莱士拓店的空间就更大。

而且因为华莱士是小店，厨房面积比麦当劳要小，所以与之相对的，产品数量就要比他们少。降低产品数量，聚焦在经典款、基础款上，不要送餐到桌，就像美国西南航空公司一样，"有限的服务"也是华莱士独特的经营活动，这种选择保障了华莱士的成本结构。

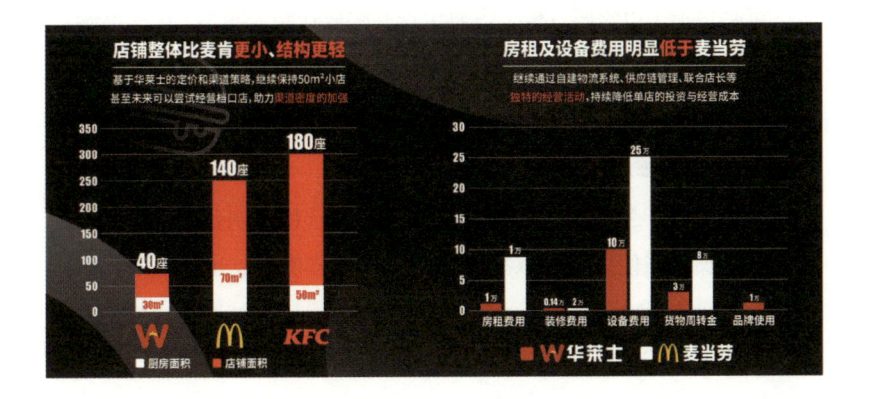

不仅如此，麦当劳、肯德基都是特许经营制。为了降低企业内部交易成本，华莱士有一个组织创新，叫作员工股份合伙制。它创新的地方在于股份认购制度，每一家店都有一个股权比例，总部、营运、选址人员和店长，都可以出资来开这家店，每个人都是老板，每个人都自负盈亏。

这样做总部的拓店压力就会降低，员工自己出钱投资肯定也会更用心地经营，更重要的是与麦当劳对比单店投资成本更低，华莱士的开店速度更快、压力更小。

这是华莱士与下游物业主、与员工的博弈，而这样的选择对所有人来说都是最优的选择，都能达成最好的结果。

第四，推广策略，不打大广告，把营销费用让利给消费者

麦当劳、肯德基很喜欢打大广告对不对？还经常请千万级的顶流明星来做代言，其实广告本身也是企业的一种经营活动，是一种选择，那么基于华莱士的定价和渠道策略，我们选择不打大广告，把广告的成本节约下来给顾客，做更适合华莱士的促销活动。

可是华莱士也需要宣传，需要生存，需要让别人购买，怎么办呢？

答案叫作利用门店的媒体价值，华莱士当时在线下拥有超过12 000家门店，门店本身就是华莱士最大和最重要的广告位，而且是低成本、100%触达的优质广告媒体。

这是华与华全面媒体化的思想，我们把一切和顾客产生接触的地方都当作媒体来使用，所以减少了高昂的广告支出，也能更好地维护华莱士的低价策略。

面对麦当劳等行业巨头的潜在威胁，华莱士选择不竞争，并且避

免竞争，因为华莱士的目标从来都不是打败谁，也不是要从谁手上抢来顾客，我们只盯着自己，盯着我们能做好的"便宜"和"便利"。

便宜，就是保持微利，做一家追求利润最小化的企业，让消费者花同样的钱，吃得更好。

便利，就是保持方便、快捷，未来让消费者买我们的产品，就像在便利店买水一样方便。

第三章

用产业结构博弈重塑企业品类策略

为了更有效地帮助华莱士避免正面竞争，赢得更好的发展机会，我们也需要为华莱士发掘出更多的、独特的经营活动。

企业博弈战略的目标是找到企业在产业结构中的博弈关系，并根据博弈关系寻找一个机会点，一个纳什均衡，从而帮助企业创造更多的价值，赢得利润。

那什么是产业结构呢？我们可以用迈克尔·波特的五力模型来解释。

1. 制定企业战略的起手式：分析产业结构博弈关系

虽然迈克尔·波特的理论被翻译成"竞争战略"，但实际上五力模型讲的就是企业间的"博弈"关系，即一个企业为了赢得利润，实际上与多方在进行博弈：与上游供应商进行博弈、与下游顾客进行博弈、与新进入者进行博弈等。

这就是为什么华与华讲不能只盯着所谓的竞争对手，因为竞争对手只代表了20%，是五个力中的一个而已，这是狭隘的竞争导向思维。制定企业战略的起手式，是博弈思维。

我们在逐一研究产业结构关系的过程中发现，过去华莱士、麦当劳、肯德基三家企业形成了对鸡肉分割品的巨大采购需求，而这种级别的采购需求，导致华莱士在推广某一个产品的时候，容易遇到两种极端的情况：

一是所选产品总供应量无法满足全国门店的长期销售或爆发式增长；

二是与麦当劳等品牌采购相同的原材料时，如果撞期就相当于市场需求暴增，容易导致采购成本整体上涨。

麦当劳、肯德基也是这样。所以对于华莱士来说，如何处理在整个产业结构中与上游供应商的博弈关系，是企业产品的生命线。

根据研究我们发现，中国白羽鸡鸡肉市场正在发生根本性的变化，供应商的议价能力正在逐渐变强，并且国内鸡肉养殖企业不掌握白羽鸡的纯系原种鸡，在产业链中只承担养殖的角色，所以引种数量直接决定了供给数量，而数据表明引种数量从2014年开始大幅度降低。

因此，我们可以合理地预见，华莱士和麦当劳等行业巨头都对鸡肉分割品有巨大的需求，所以供需的变化必然导致上文中提到的两种极端情况的发生，它会同时影响到华莱士和其他企业的整体盈利率。

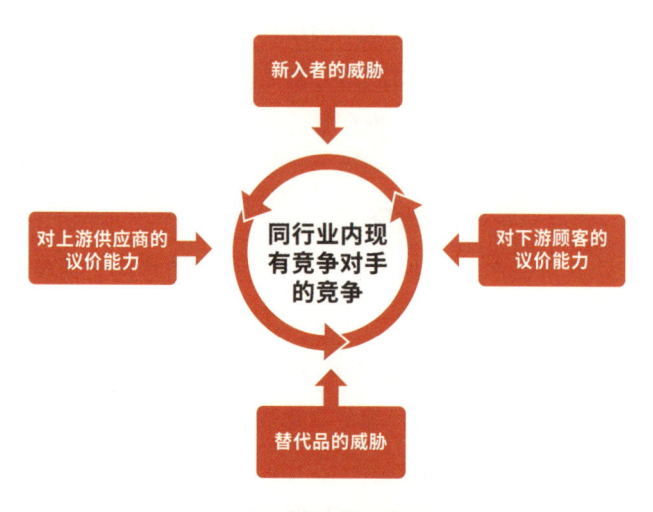

迈克尔·波特五力模型图

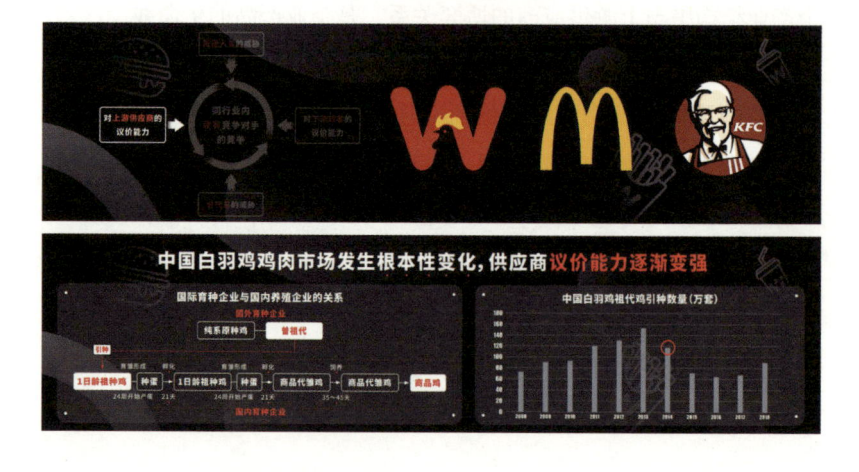

2. 锁定"全鸡"为拳头产品，建立新品类

万幸的是，在对华莱士上游供应链进行系统的梳理之后，我们最终找到了"全鸡"这个产品，就是一整只鸡。

福特汽车的创始人亨利·福特曾经说过："营销就是大量销售我们最能生产的东西。"

华莱士每天可以卖出16万只全鸡，是顾客口碑第一名的产品，而且卖了18年了，有着非常完善的供应体系。我们经常和朋友们说，去华莱士吃全鸡，比在家做还划算，这是华莱士最大的产品优势之一。

所以全鸡对于华莱士来讲是最有可能为顾客、为自己创造巨大价值的新品类。

从博弈的角度来讲，麦当劳、肯德基等品牌过去并未重视该品类的产品。由于彼此产品采购量都巨大，他们也不会主动选择大规模售卖全鸡而在供应链端与华莱士形成直接冲突。

供需变化导致的成本上涨是大家都不愿意看到的情况，这种产品选择与采购的默契，就是我们一直在强调的——博弈论的纳什均衡。

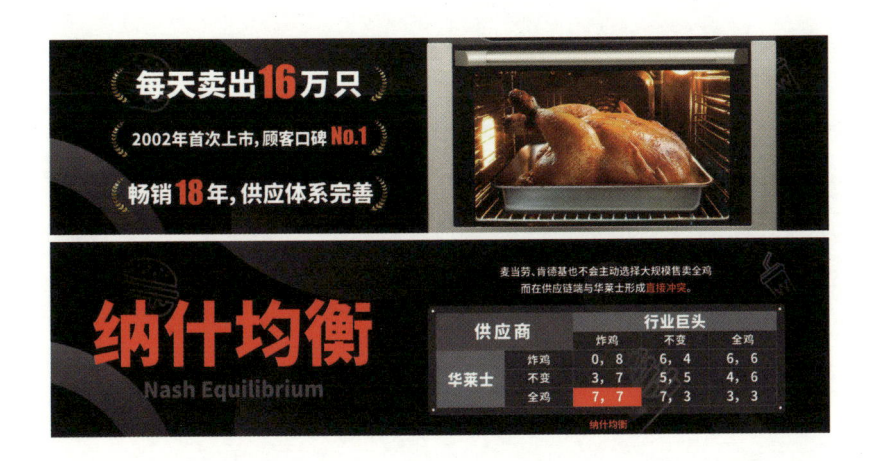

每天卖出 **16**万只
2002年首次上市，顾客口碑 **No.1**
畅销 **18**年，供应体系完善

纳什均衡
Nash Equilibrium

麦当劳、肯德基也不会主动选择大规模售卖全鸡而在供应链端与华莱士形成直接冲突。

供应商	行业巨头		
	炸鸡	不变	全鸡
华莱士 炸鸡	0, 8	6, 4	6, 6
不变	3, 7	5, 5	4, 6
全鸡	7, 7	7, 3	3, 3

纳什均衡

纳什均衡就是在博弈过程中，无论对方的策略选择如何，我们都会选择的某个确定的最优策略，这个策略就叫占优策略。纳什均衡就是基于双方的占优策略，形成的对双方来说最稳定、最有可能产生的结果。

这种博弈的均衡从长远来看大家都可以获得更多的收益。

华莱士用小狗策略和全鸡汉堡的品类策略，打破了零和竞争的思维僵局，与产业内的博弈参与方寻找到了一个纳什均衡，为行业、为顾客都创造了更多价值，并且让华莱士从中获得了更多的市场和利润。

华与华非常重视博弈论，并且我们的战略观点，就是用博弈论的博弈观点替代竞争论的竞争观点。为此在华与华的mini商学院，我们请到了国内研究博弈论的顶尖专家夏大慰教授，夏大慰教授更是把华莱士案例称赞为他教授博弈论以来最好的案例。

第四章

用"品牌三角两翼模型"建立全新品牌资产

```
            事业理论
            产品科学
            品牌话语
            企业文化      华
       品牌谚语            超级符号
         话语体系  符号系统
              产品结构
         社会监督原理
         品牌成本原理
         品牌资产原理
```

在华与华我们有一个事业理论,叫作"所有的事都是一件事",也就是战略创意一体化,所有的战略价值与意图在品牌端也必须同步构建和传播。

根据"华与华品牌三角两翼模型",华与华认为品牌就是产品的牌子,建立品牌就是建立企业的产品结构、话语体系和符号系统。

在明确了华莱士企业博弈战略的顶层设计之后,我们就开始着手帮助华莱士建立全新的品牌传播策略,用超级符号建立全新品牌资产。

1. 建立话语体系，打破与消费者的信息不对称

我们首先找到的一个价值点就是"全国门店一万家"，用规模感创造出一种事实感、信任感。

过去许多消费者以为华莱士只是开在小城市的小店、小品牌，极少有人认为它是一个规模巨大的全国品牌。通过对这一信息的传播，就能够很自然地传递出企业的规模和实力，成为建立信任感的钥匙。

我们曾经在高层访谈期间问起过消费者关于产品品质的质疑，华董往往都是叹口气说："唉，我们的供应商都是国际、国内顶尖的，很多产品和麦当劳、肯德基是一样的供应商，产品品质真的很好，但是消费者不知道啊！"

我们以前也不知道，但是华董讲过之后就知道了，那么我们该怎么办呢？就是把华董讲给我们听的这些话，原模原样地讲给消费者听！

除了门店规模、合作伙伴，我们还对华莱士的食材品质、食材采购标准等相关信息进行了提炼，梳理出一份华莱士的企业履历表用于传播。

华莱士的食品品质其实和麦当劳、肯德基等大牌一样，之所以价格比较低是因为门店的投资成本低，是因为房租、人力等经营成本低，而且没有巨额的营销广告费用，又在行业内做到了总成本领先。

最后，基于"全鸡&汉堡"的品类策略，基于让所有人都不用花太多钱就能吃好的平价策略，我们也为华莱士创造了"全鸡配汉堡，华莱士吃好"的品牌谚语。

我的合作伙伴是谁　华莱士严选全球12家优秀战略合作伙伴

华莱士 x 益客	华莱士 x 泰森	华莱士 x 联合利华	华莱士 x 百事可乐
Ecolovo 益客集团	泰森	Unilever	pepsi
华莱士白羽鸡来自中国前三肉禽供应商益客集团	小吃熟食来自全球第二大鸡肉、牛肉供应商泰森食品	酱料来自世界500强集团联合利华	饮品来自全球第4大食品与饮料公司百事可乐

华莱士履历表　打造品牌信任感与骄傲感

华莱士 全鸡·汉堡
wallace Burger & Chicken
全国门店一万家

- 我是谁？
- 我的食材品质　华莱士白羽鸡　全球汉堡专用鸡
- 我的食材标准
- 全球合作伙伴
- 独特拳头产品　招牌全鸡　畅销18年 每天卖出16万只

华莱士品牌谚语

全鸡配汉堡
华莱士吃好

055

2. 一个品牌就是一个符号系统，为华莱士创作全球超级符号

品牌符号的本质目的在于降低识别和记忆成本。符号浓缩了一个品牌的价值，承载了一个品牌的价值，同时也强化了一个品牌的价值。

它就像一个包裹，是一个浓缩了品牌信息的包裹，看到它就能引出这个品牌的全部价值联想，它贴到哪里，就能为哪里赋能。

因此，基于这个目的，我们从华莱士的英文名Wallace中选择了首字母的"W"这个全世界人都不会认错的图形作为超级符号的原型，并且基于"全鸡"这个品类策略，我们选择了一只气宇轩昂、有着黄色鸡冠的公鸡来进行"W"的私有化。

原符号　　VS　　新符号

3. 华莱士超级符号的全面媒体化

全面媒体化是基于超级符号来打造品牌体验系统（符号系统），让店内自媒体的制作成本转化为广告投资。

虽然华莱士践行的是"低价策略"，但是在品牌形象上不能低，至少也要和麦当劳一样大牌。

最终，这所有的策略都落实成一家店，通过新的门店系统来重塑品牌，建立品牌的价值感和信任感，降低顾客的选择成本，为顾客提供"便宜"和"便利"的快餐服务！

第五章

解决企业宣贯难题，没有执行，一切都是0

1. 像对待顾客一样对待店长

华与华内部经常讲："没有创意，策略等于0；没有手艺，创意等于0；没有执行，一切等于0。"每一个企业都一定遇到过总部制订了非常好的活动方案，但是区域执行得一塌糊涂的情况。

可能对于许多咨询公司来说，方案交给客户之后，工作就结束了，执行得好、执行得坏都和自己没什么关系，但是孟子说"行有不得，反求诸己"，华与华和每一个客户都是合作伙伴的关系，他们的事儿，只要我们会做、能做，那就都是我们的事儿。

所以为了更好地帮助华莱士推动营销方案执行，让各个区域的店长能够愿意并且高质量地执行方案，我们还为华莱士提供了会议策划服务，这在华与华叫作"内部路演"。无论是品牌升级还是营销方案的宣贯，华与华都和客户一起去做。

以华莱士圣诞吃鸡节为例，我们通过"理论培训、方案讲解、流程说明、活动道场"四个环节进行内部宣贯。我们在内部路演的现场打造了一个大型的活动道场，让每一个参会者不仅听到方案、看到方案，切实地了解方案的价值和具体的执行流程，还能所见即所得，让他们在现场就能感受到方案，感受到他们未来将要营造给顾客的氛围和体验，甚至还能带走一些礼品。

不仅如此，为了帮助员工更有效地执行总部的每一个制度，我们为华莱士全面梳理了品牌所有的接触点，形成了一套品牌接触点管理系统，对所有的物料摆放、使用、设计原则进行说明，每一项物料都做到定点、定位、定标，甚至连气味我们都想要规范起来。

华莱士像对待顾客一样对待店长，来为他们提供超出预期的会议体验和落地服务，为他们提供全面执行方案的理由和支持。

2. 20年不变的战略执行定力

最后，华莱士是一家成功的企业，但成功并没有让华怀余、华怀庆先生忘记自己的起点，忘记华莱士曾经靠10块钱3个汉堡起家，忘记中国仍然有6亿人的月收入仅1000元。

华莱士永不挑战麦当劳，不是因为没有能力，而是因为他们相信正和博弈可以让市场、让行业朝着更好的方向发展。

他们相信维持低价的意义更加重大。

华莱士品牌负责人华思路在2020年华与华百万创意大奖赛上说：希望华莱士和华与华今年、明年，以后也都能继续合作下去，取得更好的成绩！

华与华也将伴随着华莱士，通过企业博弈思想，走向更加广阔的未来！

华与华方法

华与华企业博弈战略

在《超级符号就是超级创意》这本书里,华杉就提出了著名的"泡妞论"和"饭碗论",即:"泡妞的关键在于妞,而不在于情敌。""人性的弱点,就是总盯着谁抢了他的饭碗,不盯着谁给了他饭碗。"

这两个观点其实就是华与华的"竞争观",我们认为竞争的本质在于盯住顾客,而不是盯住对手。竞争是一种幻觉,同行是一种假设。

现实的商业社会并不是像大家经常谈论的那样,不是一种此消彼长的零和竞争,而是像演艺界一样,每一个优秀的演员和歌手都可以用自己的方式创造价值,这种企业间的关系应该叫作正和博弈。

竞争的本质不是为了打败对手,而是为了创造更多价值,为自己赢得未来,说得通俗一点,就是赢得更多的"市场"和"利润"。

为什么不是打败对手呢?因为每个打败对手的举措都会让自己受伤。孟子说:君子之争,譬如射箭,射者正己而后发,发而不中,不怨胜己者。企业经营就是拿一把丘比特的小箭去射消费者的心,我自己射得准我就射中了,不能说自己没射中还要怪别人射中了,甚至在别人射的时候去踹别人一脚。

所以华与华强调,做企业战略不要用竞争的思维,而应该用博弈的思维,所有的问题实际上都是博弈问题。

企业博弈战略就是以基业长青、永续经营为目的而制定的企业战略,不以打败谁为追求,而是与其他的博弈参与方求得纳什均衡,只盯着自己的生存和服务问题。

在华莱士项目上,华与华重点使用的就是迈克尔·波特的五力模型,即五力博弈思维,是企业跟下游博弈、跟上游博弈、跟新进入者博弈、跟替代者博弈,最后才是和同行竞争者的博弈。和同行竞争,在整个企业经营成败的权重里只占20%,就算研究到100分,实际上也只有20分。

所以华与华强调,我们是要通过对五力博弈关系(产业结构)的分析,来找到企业创造更多价值的机会点,去厘清企业自身在每一个

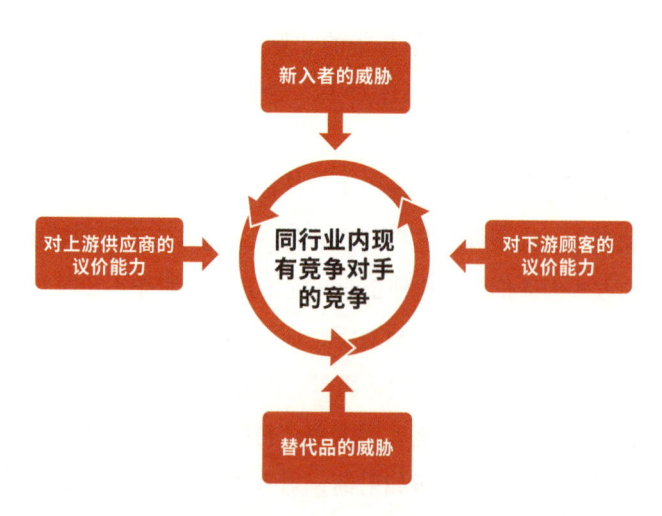

迈克尔·波特五力模型图

环节的"利润走向"。

产业结构五种力量的作用规律是什么样呢？

我们用一句话来解释就是：一种力量的影响越大，它对价格或成本所造成的压力就越大。

也就是说，当五种力量中的任意一种或多种上升的时候，对于企业来讲营利性就会下降，就会危害到企业的生存问题。

因此，面对产业结构的博弈关系，企业要做的就是不要相互排他，因为恶性竞争只会造成更大的损害，企业要更多地关注自己能在哪里创造更多的价值。用华与华方法来讲就是始终保持"三个先进"：第一，先进的生产力，你要进入这个领域，你就要做这个领域最先进的生产力；第二，先进的文化；第三，顾客的利益，我们都是为顾客的利益而战，不要让顾客难做，这是最重要的一条。

最后，当你全神贯注地关注顾客，你根本没兴趣知道别人在做什么。

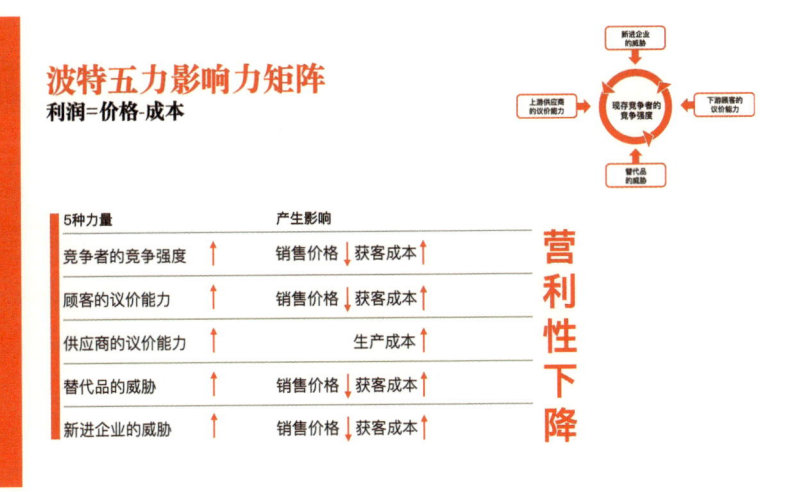

波特五力影响力矩阵
利润=价格-成本

5种力量	产生影响
竞争者的竞争强度 ↑	销售价格 ↓ 获客成本 ↑
顾客的议价能力 ↑	销售价格 ↓ 获客成本 ↑
供应商的议价能力 ↑	生产成本 ↑
替代品的威胁 ↑	销售价格 ↓ 获客成本 ↑
新进企业的威胁 ↑	销售价格 ↓ 获客成本 ↑

营利性下降

人本
SINCE 1986

华与华超级符号案例点评语

华 杉
华与华营销咨询有限公司创始人

"人字头"的超级符号设计太精彩了,是华与华超级符号里程碑式的设计。

人本的"人字头"超级符号,真正让人本品牌掌握了定价权。在这个案例里面,我们看到了用一个符号建立了品牌的定价权。用符号的创新,建立更强的壁垒,别人没法来模仿我们的符号,它比发明专利的壁垒还要高,专利还有20年的期限,符号永远没有到期的时候。

而且人字头超级符号,实现了把超级符号直接设计为产品,而不是一个平面设计,这在行业中也是一个颠覆性的创意,获得了整个行业的欣赏和佩服。

人本帆布鞋项目组实现了华与华的"三个所有":所有方法深入原理层面,所有创意服务企业战略,所有工作坚持诚意正心!

人本帆布鞋
超级符号建立品牌定价权

人本帆布鞋，是华与华超级符号历史上里程碑式的案例。人本帆布鞋"人字头"的超级符号，首次实现了把超级符号直接设计为一个产品，而不是一个平面设计，是产品符号和品牌符号二合一的完美结合。

人字头的超级符号，一举为人本建立了品牌的定价权。

第一章

品牌困境：没有品牌定价权

人本帆布鞋是从中国改革开放浪潮中诞生的优秀民营企业。人本诞生于1986年，企业起步初期，底子薄、资金少、技术水平低，但凭借吃苦耐劳的拼搏精神，从一个小作坊发展到全国1000多家连锁门店，成为年销售额近10亿元的经典帆布鞋品牌企业。

可能很多人都穿过人本的鞋子，也知道人本的价格很便宜，性价比很高。但是价格便宜也逐渐成为人本帆布鞋品牌面临的困境。

鞋子卖不上价，只能卖70多元，卖高了就没有人买。这就是因为没有建立起品牌，导致品牌没有定价权。

帆布鞋的起源是美国匡威，而普通的一双匡威鞋，就要300多元。而人本帆布鞋起源于中国市场，投入重金去研发适合中国人脚形的鞋楦，在舒适度、材料、工艺上下足了功夫。但是即使这样，人本的价格却只有别人的六分之一，只能和其他品牌在低利润区间竞争。

1. 没有品牌定价权：鞋子就卖不上价，就没有利润空间

产品的低价带来的直接影响就是，限制了人本能够进入的渠道。当时在进行高层访谈时，人本董事长倪邦国就说："如果能提升品牌价值，提升单店利润。产品能够多卖10~20元，那我们很多商圈都能开得进去。"

所以人本的课题就是要为人本帆布鞋建立自己的品牌资产，获得品牌定价权。

那么如何才能帮助人本帆布鞋建立品牌定价权呢？

华与华方法：4P是营销的全部和全部的营销

因为品牌没能建立起来，所以产品定价低；后面又因为产品定价低，限制了品牌的开店速度。从营销的思维来说的，人本面对的就是产品、价格、渠道、推广的营销4P问题。

华与华把企业分为两种：有定价权和没有定价权的企业。

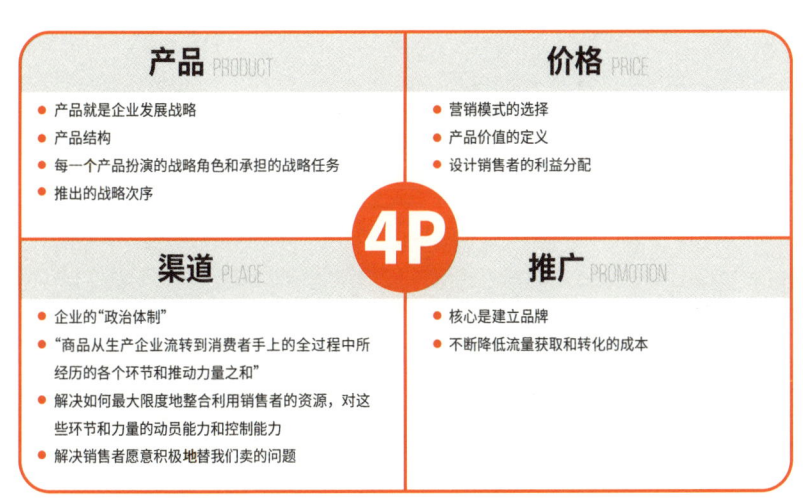

产品 PRODUCT	价格 PRICE
● 产品就是企业发展战略 ● 产品结构 ● 每一个产品扮演的战略角色和承担的战略任务 ● 推出的战略次序	● 营销模式的选择 ● 产品价值的定义 ● 设计销售者的利益分配
渠道 PLACE	**推广 PROMOTION**
● 企业的"政治体制" ● "商品从生产企业流转到消费者手上的全过程中所经历的各个环节和推动力量之和" ● 解决如何最大限度地整合利用销售者的资源，对这些环节和力量的动员能力和控制能力 ● 解决销售者愿意积极地替我们卖的问题	● 核心是建立品牌 ● 不断降低流量获取和转化的成本

▲ 华与华始终坚持销4P理论是唯一正确且全面的营销理论

没定价权的企业得不到利润，企业年年难过年年过，只能领社会付给企业的"管理者的工资"；有定价权的企业，才是赚取创新利润的企业。

那么怎样才能带来定价权？

就是我卖的东西是独家产品，形成一种垄断。比如说，华与华的产品，实际上是一种独家产品，我们跟别人的产品是不一样的。那么人本能把帆布鞋变成自己独家的产品，实现垄断吗？

当然可以！就是垄断自己的符号。

人本品牌和时尚品牌就是一个超级符号的距离。

那么今天就用华与华方法来带大家重新学习下两个成语：买椟还珠和削足适履。首先第一个成语就是"买椟还珠"。

第二章

"买椟还珠"，华与华超级符号设计思想

1. 买椟还珠：产品服务于符号

品牌符号和产品的关系，可以通过一个非常古老的故事来了解，叫作"买椟还珠"。华与华说，消费者真正买这个产品的时候，买的这个"椟"就是符号，因为品牌价值在这个符号上。

▲ 品牌符号展示图

拿一些顶级时尚品牌来举例，一个超级时尚品牌就是一个超级符号系统。

LV的老花纹、巴宝莉的条纹，还有爱马仕的H符号，大家都很熟悉。我们买这些品牌的时候，一定会去买带它们品牌符号的款式。如果买了个LV包，还没有这个符号，可能都觉得白买了，这个就叫作"买椟还珠"。

所以说品牌就是符号，产品是为符号服务的。而产品本身就是最大的媒体，超级符号最好能够成为产品的一个部件，让消费者穿着我们的产品，还为我们做广告，这就是超级符号的魅力。

人本要建立品牌定价权，首先就是要建立人本的超级符号。

2. 超级符号产品化：像设计车头一样设计鞋头

当时人本倪总找到华与华，拿着手中的帆布鞋说："我一直在思考的就是，如何能够在鞋子上，做出我们自己的符号。"

华与华在做创意的时候，从来不假外求，就是在企业自己身上找，发挥品牌与生俱来的戏剧性。人本品牌名有"人"，企业价值观也是"以人为本"。所以打造真正能够解决问题的"人"的超级符号，就是创意的关键。

人本自己之前也尝试，在鞋面放一个"人"字行不行？因为它还是一个平面的，画哪儿都行。拿油漆把它刷一下，就没有了，没有把"人"变成这个产品的一个部件。

华杉提出："从产品工业设计去创造超级符号，要像设计车头一样设计鞋头。"

汽车的第一符号是什么？不是它的标志，而是它的车头。车头是汽车奔驰在路上最显眼的第一符号。

大家看宝马车，我们最先看到的是两个"大眼睛"。劳斯莱斯，它的车头一看就很大气，因为设计灵感是来自帕特农神庙的。包括沃尔沃，它强调安全，所以拉了一个安全带在车头上，中间即使没有标志，你也能认得出来。所以说，车头是汽车的第一符号。

同样地，创造人本的超级符号，就要从二维平面进入三维立体的世界，从平面设计进入产品设计领域。于是，我们立马将人本鞋的每一个部件都进行拆分，贴在一张大纸上，从每一个部件去思考如何寄生、放大人本的"人"字符号。

做鞋就是做"人"。

将"人"字符号设计成帆布鞋鞋头，一举创造出了人本"人字头"的超级符号产品。

▲ 品牌车头展示图

▲ 人本1986人字头鞋

3. 超级符号带来品牌定价权

品牌盈利的关键在于掌握定价权，如果没有定价权，做什么都挣不到钱。

"人字头"的超级符号设计，就是一个传之万世的专利，而且比发明专利还厉害，因为发明专利只有20年，20年后就没有了。而品牌符号是永久性的，就是人本永久的产权。人字头就是人本的独家产品，以后卖这个人字头就能挣钱。

4. 超级符号产品化，教全世界认识中国人

人本"人字头"超级符号，以超级明星的方式进入大众的视野。消费者穿着"人字头"的人本鞋，就是自己掏钱，为人本做广告，极大降低品牌传播成本，奠定了至少可以管用100年的品牌资产。

人字头的超级符号还能带着人本走向国际化，我们说，教全世界都认识中国人，什么叫认识中国人？就是用人本的"人"字头，教全世界人都来认识这个"人"字。因为这个"人"字本身是最简单的象形文字。

这样一个"人"字的符号，蕴含了品牌价值，吸引了消费者，还包含了知识性。

▲ "人字头"展示效果图

第三章

品牌谚语：一句话说动消费者

华与华管品牌口号叫作品牌谚语，而它的底层逻辑，是亚里士多德的修辞学。修辞学是说服人行动的语言艺术，就是要通过一句口号来说动消费者，形成流行趋势，让全世界都认识中国"人"。

1. 品牌谚语：一步一个大写的人

华与华为人本创造了"一步一个大写的人"这个品牌谚语。

其中超级词语"大写的人"出自高尔基的《人》，表示一种理想的人格。华与华将超级词语寄生于"一步一个脚印"的超级句式上，这句话语有116年的历史，就获得了116年的文化原力。这句口号向前能管100年，向后至少也能管100年。

一步一个大写的人

2. 品牌谚语，塑造品牌体验

"一步一个大写的人"还创造了一种体验：穿着人本的"人字头"，走在沙滩上，踏过小水塘，每一步都能踩下一个"大写的人"，这就是品牌的体验。就是将超级符号寄生在品牌谚语上，用品牌谚语强化超级符号，实现品牌谚语和品牌符号的完美结合。

3. 品牌谚语，确立品牌调性

"一步一个大写的人"和人本帆布鞋企业的价值观高度一致，这样就形成了对人本整个品牌调性的确立。区别于普通帆布鞋叛逆、随性的基调，人本代表上进青年，是充满正能量的品牌。

接下来跟大家分享的就是华与华方法的第二个成语——"削足适履"。

第四章

"削足适履"，华与华超级产品设计理念

削足适履这个成语是说：这个鞋太小了，穿不进去怎么办？那么把脚砍掉一块不就穿进去了吗？它本来是一个贬义的笑话，但是在华与华，我们把它作为一个褒义的产品设计的思想，来指导产品开发。

人本项目中的"削足适履"，"足"是鞋，"履"是"人字头"。削足适履，就是说未来的一切鞋款设计，都要为这个"人字头"服务。

产品是流水的兵，符号是铁打的营盘。

品牌资产最后是积累在符号上面。做一款不是"人字头"的鞋，好像卖得还不错，但是它卖完了就卖完了，竹篮子打水——一场空，没有任何品牌上的积累。所以人本要开发"人字头"的拳头产品，每卖一双都为品牌符号增值。

产品为符号服务，就是产品永远不能让符号的价值落空。要让消费者看到人本"人字头"的时候，就知道这是双好看的、舒适的鞋子。所以在"人字头"产品研发中，历经了半年12次反复的打样调整，在每一个细节上都精益求精。

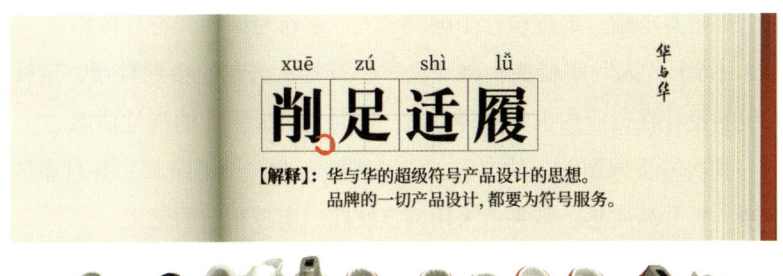

▲ 12次"人字头"鞋打样过程图

当时倪总也说,这款产品要打造成人本的标杆产品,在材质上、设计上、舒适度上都要用最好的材质和技术去实现。

1. 产品命名放大购买理由

产品命名要能放大购买理由,通过产品命名确立这双鞋在人本品牌中的标杆地位。我们给产品命名为:人本1986。

以人本命名,代表是人本品牌的经典系列。其次,我们用1986年这个成立年份来命名,释放品牌30年专注帆布鞋的专业感和可信度。

2. 打造符号体系,实现购买理由

产品开发的第二步,就是要通过研发,打造符号体系,实现购买理由。人本的研发部门,经过12次反复对产品打样调整,在每一个细节上都精益求精,最终设计了围绕"人"字符号的四大符号体系。

(1)"人"字鞋头:将"人"字符号从头包连接到鞋帮,这样全包的设计在行业内也是一种创新,同时还有显脚瘦的视觉功能。

其次鞋头保留2mm的空隙,走路脚趾弯曲,不易硌脚;并且涂抹亮油,提升品质感;鞋头也采用网点纹路,实现精致的触感。

(2)红色"人"字大底:用人本红为"人本1986"创造独特的鞋底符号,红色就包含了价值;还有"人"字纹路,它满足了最基本的防滑耐磨的需求。而最关键的就是底面的"人"字大底,这样不只是在鞋面上,甚至走在路上的脚印,也是一步一个大写的人,这是品牌体验的翻倍增值。

(3)"人"字后跟:保留独特的凹刻后跟,穿脱更方便。1986产品鞋标,看脚后跟也知道是"人本1986"。

(4)"人"字鞋标:采用真皮材质,镌刻上品牌名,提升"人本1986"传播效率和品质感。

从鞋头到鞋底,从鞋面到脚印,每一个细节、每一个部件都围绕"一步一个大写的人"。每一个触点,每一个价值,都是通过"人"字符号来传达产品的品质和舒适感,这就叫作"削足适履"。

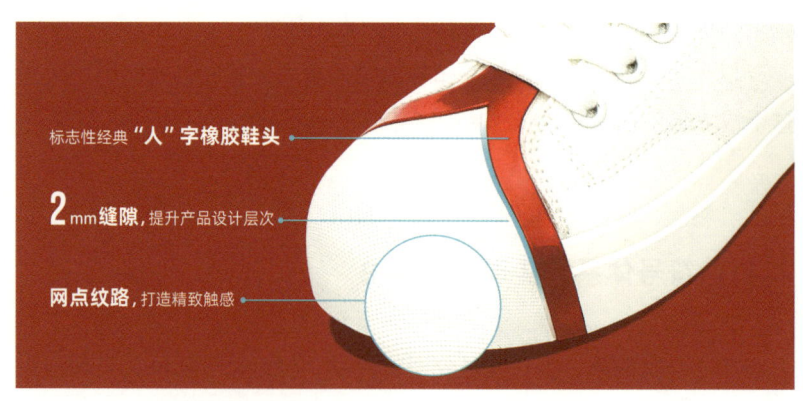

▲ "人"字鞋头细节展示

人字符号：一步一个大写的人

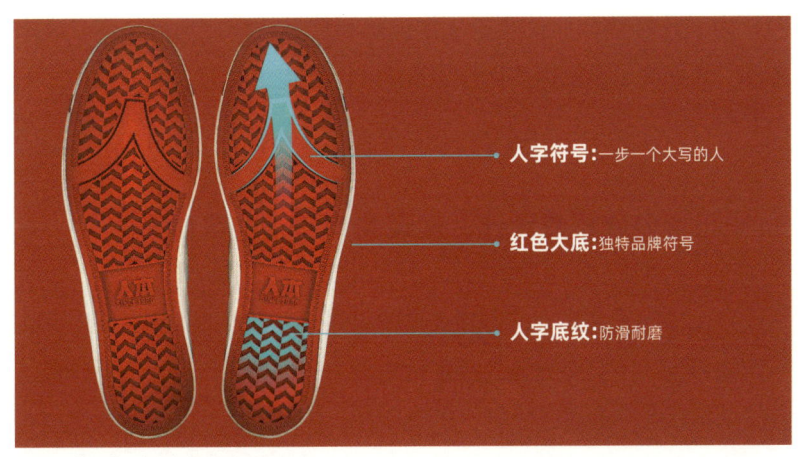

红色大底：独特品牌符号

人字底纹：防滑耐磨

▲ "人"字鞋底细节展示

1986真皮刻印鞋标

人字后跟：人本凹刻梯面后跟标，穿脱更自如

▲ "人"字后跟细节展示

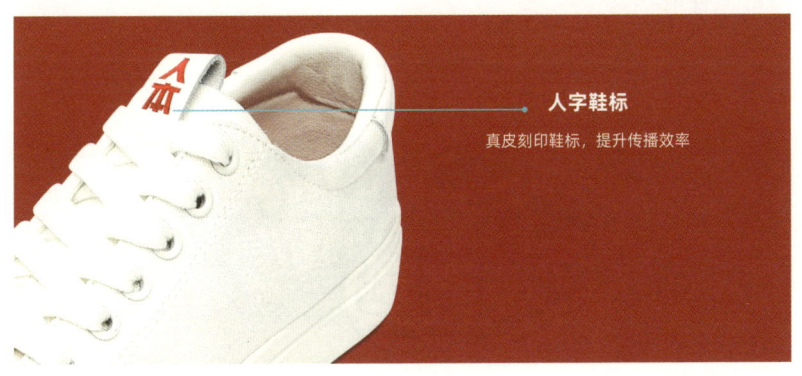

人字鞋标
真皮刻印鞋标，提升传播效率

▲ "人"字鞋标细节展示

081

为了让每双鞋的仪式感、体验感和传播效率达到最佳,"人本1986"还配套了全面媒体化包装系统。

3. 华与华包装系统设计,实现品牌三个全自动

产品的畅销离不开广告和推广的投入。而人本的经销商大多都在三四线市场,不具备充分的品牌传播能力和经验,所以还需要打造一套"人本1986"的超级物料,实现品牌全自动传播。

在华与华,首先给品牌做的就是全面媒体化工程。因为最大的广告,就是品牌的自媒体系统。

> "云感舒适鞋垫"打造舒适体验

首先,通过产品命名释放乳胶鞋垫的舒适价值。在进行搜索的时候发现,大家形容鞋子极致舒服都会提到一句话——像踩在云上一样舒服。所以我们把命名寄生在"云感"的符号上,给鞋垫命名为:云感舒适鞋垫。

▲ 云感鞋垫吊牌

为了实现价值释放，把"云感"做成一个icon，印在鞋垫上。云感舒适鞋垫做成产品吊牌挂在鞋子上陈列，不用去推销，产品自己就能卖货。

1986鞋盒：打造门店超级广告位

鞋盒是品牌最重要的包装之一，在很多门店，鞋盒都会堆叠来当货架使用，而包装陈列面就是天然广告位。

在产品包装上，人本采用了更时尚的细长鞋形，并把四个面都当作海报来使用，这样消费者无论看哪个面都能看到品牌的信息。

▲ 旧门店陈列　　　　　▲ 鞋盒设计效果图

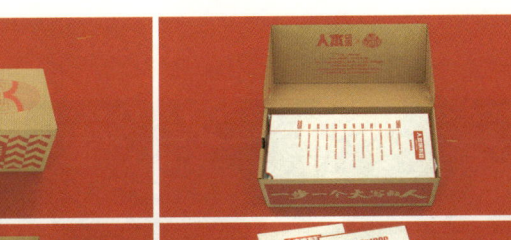

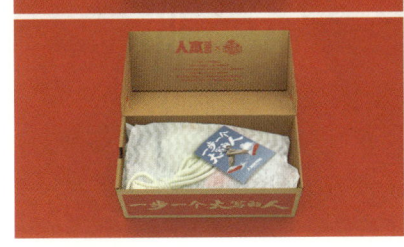

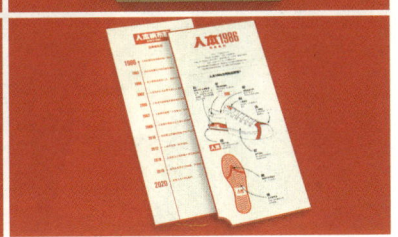

▲ 开盒体验图

083

而每年销售出去2000多万双鞋的鞋盒，也就多了2000多万个人本的广告位。

不仅如此，人本还让消费者像打开礼物一样，一步一步打开"人本1986"。这样消费者获得了仪式感，有了体验感，还了解了产品的知识。人本鞋凭借这一个鞋盒，就能比之前多卖10块钱。

1986手提袋：不花一分钱的移动广告位

在华与华企业价值之轮中，体验的价值大于服务的价值，体验的价值减去服务的价值就等于创造体验的机会。对于人本来说，商场、街道就是舞台，我们要通过一个关键性的道具发挥品牌与生俱来的戏剧性，打造品牌体验。

我们不只是把人本的品牌符号放在手提袋上，还放上一个大大的"人"字鞋头，用鞋头把画面盛满。人们买我们的鞋，拎着到商场，走在街道上都是在为人本免费打广告，这就是一个场景，创造体验的机会。把人本的广告带进商圈，带进社区，带进消费者的家中。

▲ 手提袋效果图

鞋垫、鞋盒、手提袋，这三个华与华设计的包装体系实现了三个全自动：全自动销售、全自动购买、全自动传播。

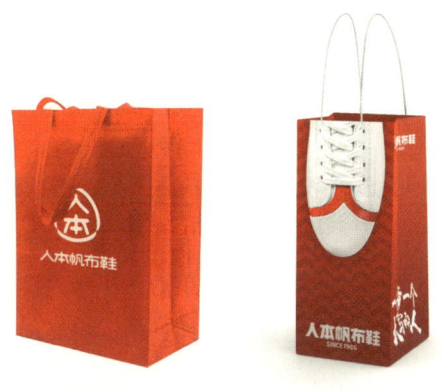

▲ 新旧手提袋对比图

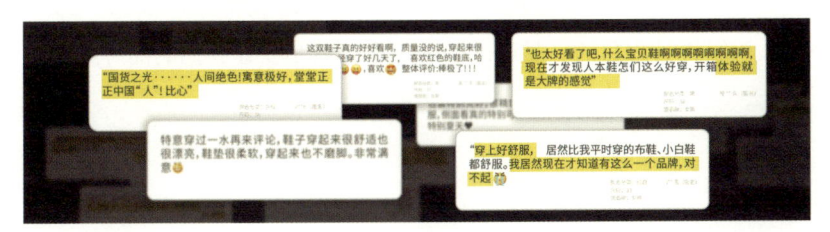

▲ 淘宝评价截图

▲ 其他人字头系列产品展示

085

在2020年4月1日,"人本1986"首发预售。一经推出,便创下整个品牌30年来的历史纪录——单周销量16 000多双,历史第一,相当于普通鞋款半年的销量。产品定价历史最高,从59元卖到149元,翻了两倍多。最让人骄傲的就是淘宝好评分历史最高。

在网络上,也形成了"人本1986"花式传播时尚风潮。

人本电商负责人说:"以前的鞋子推出,总有人喜欢,有人不喜欢,这很正常。但是从来没有一款产品,会获得这样一边倒的好评。"

在"人本1986"发布后,人本加足马力,半年内接连开发了一系列人字头鞋款,2021年还有30多款正在计划中。符号携带着价值又到了新的产品身上,这就是品牌赋能,符号对产品的赋能。

产品开发"削足适履",任何产品的研发都是以壮大"人字头"超级符号为目的。品牌的一切工作,就是要让我们的品牌越来越强大。

第五章

所有的事都是一件事，开启人本品牌发展新时代

2020年5月20日，人本帆布鞋在上海举办了有史以来的首次新品牌发布会，向全国经销商宣讲人本品牌的新战略、新形象、新产品、新门店。发布会大获成功，一战而定。

2020年9月26日，人本帆布鞋携手品牌代言人吴宣仪正式官宣，全面启动明星代言推广计划，为全新的"人字头"鞋款积累品牌资产。

2020年12月26日，人本帆布鞋大手笔投放温州机场广告，开启线下广告投放模式。

人本"人字头"的超级符号，解决了人本企业经营的难题，实现了把超级符号直接设计为产品，而不是一个平面设计的构想，不仅在华与华历史上是里程碑式的创意，在行业中也是一个颠覆性的创意。

人本"人字头"的超级符号，更是让人本建立了品牌的定价权，一举开启了品牌全新的发展之路。在人本34年的历史上，首次召开了品牌发布会，坚定了各地经销商的信心，实现门店逆势增长23%，同时也启动了明星代言推广的计划。

没有超级符号就没有定价权，超级符号是一切品牌的安身立命之本。

▲ 人本上海发布会现场

▲ 品牌代言人画面

超级符号让人本站在了起跑线上，超级符号也告诉了我们该如何前行。

　　做鞋就是做人。"人字头"的这一小步，是人本品牌的一大步。

　　34年前，人本将踏踏实实、勤勤恳恳做人的精神注入每一双鞋。34年后，我们不仅做高品质、舒适的帆布鞋，更要不断积累、壮大"人"的符号。

▲　温州机场广告投放

华与华方法

华与华超级符号方法

"买椟还珠"是华与华的超级符号设计思想,指的是:符号是铁打的营盘,产品是流水的兵。产品会不断迭代,有它的生命周期,但是符号是永恒的,会一直留存下来,人们消费产品其实就是消费符号,符号携带着永恒的意义。

"削足适履"则是华与华的超级产品设计理念,指的是:符号为产品赋能,产品为符号服务。符号携带着恒定的价值到了新产品身上,这个产品就具有了这个符号带来的价值,人家就会认,这就是品牌赋能。产品为符号服务,就是产品永远不能让符号的价值落空,因为符号对产品的赋能是由产品建立、积累起来的,一次落空,符号的魅力就会衰减,两次落空,符号就没有魅力了。

商品是符号,一切都是符号,人类文明就是符号文明。在商品世界里,人们通过商品符号来完成对自己角色的定义,购买商品,其实就是购买符号。所以品牌符号和商品的关系,可以通过一个非常古老的故事来了解,叫作"买椟还珠"。消费者真正买这个产品的时候,买的这个"椟"就是符号,因为价值在这个符号上。

正如前文所提到的，产品本身就是最大的媒体，所以超级符号最好能够成为产品的一个部件，让消费者穿着我们的产品，还为我们做广告。

拿一些顶级时尚品牌来举例，一个超级时尚品牌就是一个超级符号系统。

LV的老花纹、巴宝莉的条纹，还有爱马仕的H符号，大家都很熟悉。我们买这些品牌的时候，一定会去买带它们品牌符号的款式。如果买了个LV包，还没有这个符号，可能都觉得白买了，这个就叫作"买椟还珠"。

所以华与华提出了"从产品工业设计去创造超级符号""要像设计车头一样设计鞋头"，意思就是不假外求，从企业自己身上找，发挥品牌与生俱来的戏剧性。人本品牌名有"人"，企业价值观也是"以人为本"，所以打造真正能够解决问题的"人"的超级符号，就是创意的关键。人本项目组最终提出了将"人"字符号设计成帆布鞋鞋头，创造性地推出了人本"人字头"的超级符号。

符号为产品赋能，产品为符号服务。首先我们说产品为符号服务，就是产品永远不能让符号的价值落空。品牌资产最后是积累在这个符号上面，我们的一切动作都是为了积累我们的品牌资产。做一款不是"人字头"的鞋，好像卖得还不错，但是卖完了就卖完了，没有任何品牌资产上的积累。所以人本要开发"人字头"的拳头产品，每卖一双都为品牌符号增值，让这个符号代表着人本的价值，别人一看这个符号就知道它的价值，一看到人本"人字头"的时候，就知道这是双好看的、舒适的鞋子。顾客穿上"人字头"的时候，给他的体验果然是这样的，以后"人字头"的符号只要贴在产品上就能卖钱，因为符号携带着恒定的价值到了新的产品身上。价值可以维持5年，10年，20年，成为永久的价值。

超级符号是工作的起点，也是终点。一切产品的任何价值都可以通过超级符号来表达，如果品牌和产品最终不能建立超级符号，一切工作都将是竹篮打水——一场空。

所以华与华工作的起手式就是寻找文化母体，描述文化母体，依据文化母体和产品的关系得出购买理由，在文化母体的符号系统中寻找传统符号，再根据购买理由，对传统符号进行改造，从而得到超级符号。超级符号是恒定价值的承诺。

SKG
未来穿戴

华与华超级符号案例点评语

华 杉
华与华营销咨询有限公司创始人

在今天的互联网时代，大家讲起品牌营销总会有一个很大的误区，那就是流量焦虑，总是担心自己会不会跟不上。其实，这些焦虑都只是一种假设，并没有抓到问题的实质。

我们特别要当心的是，互联网营销让我们越来越能计算出营销的效果，而这些所谓的效果其实是最短线的，比如我换一个标题看它管不管用，最多就看一天，这一天不行马上换下来，试错成本太低了。但问题是，你怎么知道你那个是试错呢，也许放一年不变就翻100倍呢？

同时，流量购买的竞价机制让我们的流量成本越来越高，甚至成了一种变相勒索。企业在这样的情况下想摆脱流量勒索，实现流量"越狱"，建立自己的流量主权，需要我们去创立自己的品牌和符号，SKG提供给我们一个非常有价值的范例。

SKG
打造时尚品牌，建立流量大水库

在与华与华合作之前，SKG就是一个买量高手，2019年投入将近1个亿的资金，明星分享、达人推荐、全网种草总曝光量高达19.45亿人次。

这是什么概念呢？消费者如果在天猫、京东、小红书、抖音等平台搜索"颈椎按摩仪"，SKG就一定能在首屏出现。

SKG最大的品牌资产就是它的名字"SKG"，它来源于SKG创始人对于企业发展愿景的三个关键词，即Smart（智能）、Kind（亲和）、Global（全球化）的首字母。

但是这三个字母属于内部传播思维，消费者无法通过三个字母就联想到单词并理解单词背后的意思。进一步说，消费者对于自己不能理解的事情，就很难完成记忆与传播。

那对于SKG来说，如何构建自己的超级符号系统呢？

第一章

以投资的视角,将流量费用转为品牌资产

1. 明星都在用的SKG

当今营销领域最热的词,恐怕就是"流量"了,在互联网上,一切的流量都可以通过数据展现出来。因此,流量也就成为一种可以买到的商品。

在百度,企业可以通过购买排名和关键词,获得流量;在淘宝、天猫,企业可以通过购买推荐位获得流量;在微博、抖音,企业可以直接购买阅读量、观看量,按量付费。

在与华与华合作之前,SKG全网种草总曝光量高达19.45亿人次。

也就是说,消费者如果在天猫、京东、小红书、抖音等平台搜索"颈椎按摩仪",SKG就一定能在首屏出现。

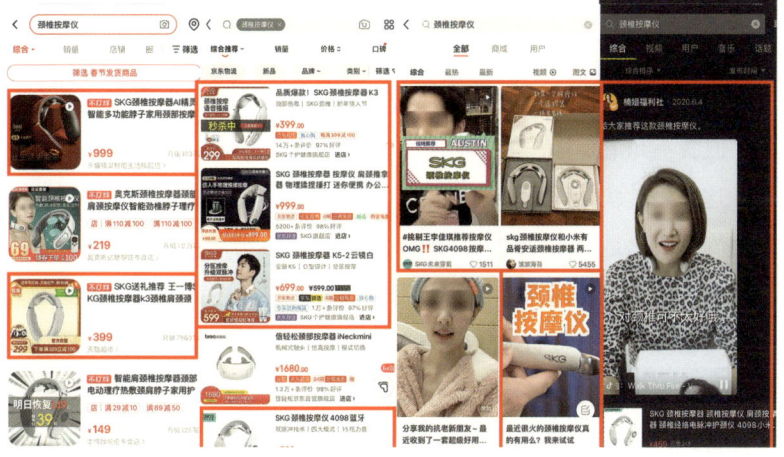

▲ 天猫、京东、小红书、抖音搜索"颈椎按摩仪"

从"到达率"来看，这是非常不错的成绩单。但华与华认为，传播的关键不在于播，而在于传。

假设触达千人的成本是1000元，那单人成本就是1元，如果受众接收到信息之后，能够传给10个人，我的单人成本就从1元变成了0.1元。如果被传的这10个人每人还能再传10个人，我的单人成本就从0.1元变成了0.01元。因此华与华除了看"到达率"，还要看"传达率"，要看受众会传播什么。这就是华与华的"播传理论"，要做播传，而不是传播。

那对于SKG来说，这时候大家传播的是什么呢？大家提到SKG都在说：明星都在用、王一博代言、李佳琦推荐、娜扎同款……

相信这是所有请过代言人的老板最头痛的地方，明明是花钱请明星为产品代言，结果却像是给明星做推广。

2. 流量费用应该转化为品牌资产

广告界曾经流传着一句话,叫作"我知道我的广告费有一半浪费了,但我不知道是哪一半"。

这就是传统的流量转化思维,从"费用"角度来理解广告投放,认为流量转化是一次性的,只是转化成销售。

在传统的流量漏斗中,企业发送信号,有人注意了,注意到的人中一些被打动了,被打动之后产生了购买,完成的是一次性的转化,并且流量在转化的每个环节都存在流失。

传统的流量转化思维是短线的,如果没有属于企业自己的流量池,企业投入的流量费用,就会流到关键词、推广位、明星那里去,这样不管企业花多少钱,这些费用就是纯粹花掉了,不会形成积累。

而华与华认为广告是一种投资,流量转化除了转化成购买,还要转化成传播,形成品牌资产,构建流量循环。

企业在发送信号,引起消费者的注意之后,还可以做到两个转化:购买和播传。

播传就需要提供消费者识别、记忆、谈说的词语、符号,而超级符号就是传播效率最高、记忆成本最低的符号,只有消费者完成了识别与记忆,才能时刻挂在嘴边,最终实现口耳之间的播传。

接下来,我们就看看SKG如何用超级符号建立"流量大水库",让流量都积累到自己的水库里,成为品牌取之不尽、用之不竭的资源。

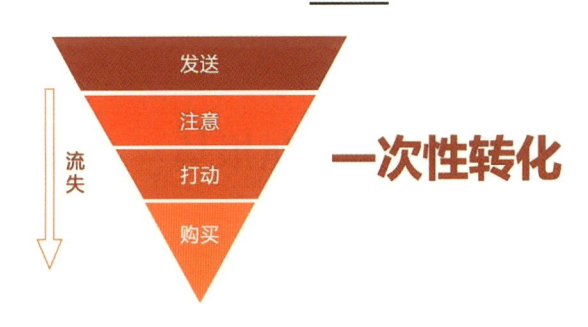

▲ 传统流量漏斗模型

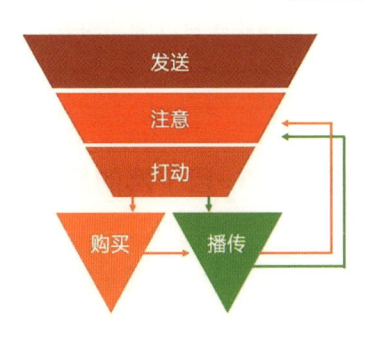

▲ 华与华超级符号流量循环模型

第二章

超级符号系统建立流量根基

SKG最大的品牌资产就是它的名字"SKG",它来源于SKG刘总对于企业发展愿景的三个关键词,即Smart(智能)、Kind(亲和)、Global(全球化)的首字母。

但是这三个字母属于内部传播思维,消费者无法通过三个字母就联想到单词并理解单词背后的意思。进一步说,消费者对于自己不能理解的事情,就很难完成记忆与传播。

那对于SKG来说,如何构建自己的超级符号系统呢?

1. 设计SKG一眼识别、一目了然的超级符号:天鹅S

超级符号其实就是那些拥有超级流量的符号,它的流量来源于广泛群众的"认知基础"和"情感基础",让原本看起来没那么熟悉的符号,变得眼熟,一下就成为消费者的老朋友。

在设计SKG超级符号时,最大的课题是如何用超级符号把品牌携带的意义嫁接到传统符号上，让消费者接触到这个符号，就能自行联想，从而达到闻一知十的效果。

由此，项目组给自己提了三个问题：

（1）能否让"SKG"品牌名增值，将这三个字母私有化，成为SKG独特的符号？

（2）能否降低三个字母的理解成本，将这最大的品牌资产具象化，可以被消费者快速理解描述？

（3）能否让符号也成为购买理由，快速勾起大家对健康的向往？

华与华说，超级符号不是被创造出来的，而是基于品牌与生俱来的戏剧性，去寻找出来的。SKG的拳头产品是颈椎按摩仪，产品是品牌与消费者最大的接触点，当我们提到健康优雅的脖子时经常会用"天鹅颈"这个词来形容，并且天鹅脖子也是一个S的形状。

▲ "天鹅颈"与天鹅

▲ SKG新旧LOGO对比

▲ 超级符号圈S

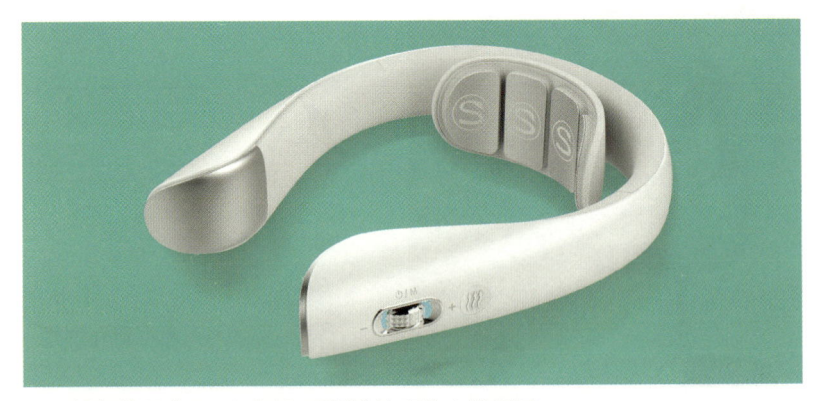

▲ 超级符号在SKG全新K5颈椎按摩仪上的展示

更让人惊喜的是，天鹅，还是一种全世界的人都喜欢的动物，天鹅代表了纯洁、忠诚和高贵，这正和SKG时尚的品牌调性完全契合。

我们将天鹅颈和S完美融合，就有了SKG的超级符号，一个天鹅形的S。字母S和天鹅变成SKG品牌的私有资产，让品牌名瞬间活了起来。

同时，项目组将"天鹅S"单独提出来，放大成为SKG的超级符号，运用在一系列的传播上，进一步降低SKG的记忆成本。

将符号应用到SKG颈椎按摩仪的电极片上，也为产品注入了"天鹅颈"的意义。

2. 用色如用兵，颜色是让品牌跳出货架的秘密武器

SKG原本的品牌色是金色，但金色在品牌视觉识别系统中，通常属于一种特殊工艺。一方面，金色在不同的材质中容易出现色差，视觉呈现不稳定，成本难以把控；另一方面，所有品牌方的LOGO都可以把金色作为特殊工艺处理呈现，这也就意味着金色作为品牌色不容易被识别，难以积累品牌资产。

美国流行色彩研究中心调查表明，人们在挑选琳琅满目的商品时，只需7秒钟就可以确定对这些商品是否感兴趣。而在这黄金的7秒钟内，色彩的影响力竟然高达67%，色彩是决定人们对商品是否喜欢的首要关键因素。

雀巢甚至还做过实验，把同样的咖啡放在绿色、白色和红色杯子里，让消费者品尝。最终得到的结果是：大多数消费者都认为红色杯子中的咖啡味道最棒，而绿色杯子中的感觉偏酸，白色杯子中的则感觉偏淡。最终雀巢选择了现在的红色作为包装设计的主要色彩，产品

一推出即在市场大受欢迎。

"用色如用兵"，颜色的记忆成本远远低于文字成本，选对颜色对企业来说至关重要。聚焦一个色调，投资一个色号，让颜色也成为超级符号的一部分。

在走访门店中，项目组发现，数码产品无论是包装还是海报，都以"黑白灰"居多，SKG的包装也以银灰色为主，这就让我们的产品难以被消费者看到。

为了让SKG的产品跳出"黑白灰"的货架环境，首先就要选用一个饱和度与明度高的颜色，这就好比在只有黑白电视的时代，突然出现了彩色画面，必然可以让消费者在人群中多看你一眼，让产品快速跳出货架。

SKG作为一家为人们解决健康问题的科技公司，带给消费者的不应该是类似"黑白灰"这样冷冰冰的感觉，而应该是一种舒适、安心的感觉。那什么颜色能给人带来舒适和安心呢？

绿色可以，因为绿色是森林的颜色，代表了生机；蓝色也可以，因为蓝色是海洋和天空的颜色，孕育着生命。绿色和蓝色，在人类成百上千年形成的潜意识中，是最能代表舒适和安心的颜色，拥有巨大的文化母体。

于是，我们将SKG原本的金色，改成了让人感到舒适和安心的品牌蓝绿色，让SKG在以"黑白灰"为主的环境中快速获得消费者的注意与关注，帮助SKG建立起了线上线下的终端优势。

▲ "黑白灰"居多的数码终端环境

solid coated
PANTONE 3252C
CMYK 62 0 34 0
RGB 66 215 200
#42d7c8

▲ SKG品牌蓝绿色

▲ SKG新旧终端网点对比

第三章

重叠放大术构建流量收集器

超级符号要生也要养，光在产品和终端上展示是不够的，还要在广告上完成全面落地。

广告就是发信号，信号越强越有效。熟悉华与华的朋友们都知道，华与华有一招独门绝技叫作"放大加粗"。信号越大，反射越强，卖得越多。

广告都需要一个核心主画面，而在创作有实物产品的广告画面时，我们似乎总要在产品、超级符号、超级话语、代言人等关键信息中作出抉择，为了让阅读顺序合理，不得不缩小其中的一部分信息，SKG同样遇到了这个问题。

1. 使用重叠放大术，让SKG的平面广告与包装成为流量收集器

项目组在创作SKG平面海报的时候也犯了难，发现什么信息都得

大，一个都不能委屈：

  代言人得放大：公司花了大价钱请的代言人，足够大才能有识别力与号召力。
  产品得放大：产品图片够大，才能让大家知道产品长什么样，具体是什么。
  超级符号得放大：超级符号放大，才能突出品牌，快速形成认知，积累品牌资产。
  超级话语得放大：广告语是购买理由的关键信息，放大才能促成购买。

什么都想放大，位置不够分，怎么办？平面思维解决不了的问题，用立体思维来解决。

我们将平面画面想象成一个立体画面，通过空间上不同层面的放大，加强所有关键信息。

  第一层，将品牌色铺满背景，跳出货架；
  第二层，放大超级符号最小记忆单位"天鹅S"，积累品牌资产；
  第三层，放大代言人，增加明星吸引力，并让明星带上产品，强化使用场景；
  第四层，放大产品和超级话语，突出产品主角地位，并放大购买理由。

利用空间排序，放大核心信息，这样的放大法，多而不乱，核心信息皆有效。符号、代言人、产品一眼看穿，一眼看全，并完成购买理由、购买指令、购买指南的完整信息进攻。

正是通过这种战略性的设计思考，实现了铁打的符号，流水的明星，构建了流量收集器。

现在，明星的势能比品牌符号的势能强，就要将明星的流量不断积累到SKG的品牌符号上，无论是王一博、娜扎，还是李佳琦，每一位明星的流量都会持续为符号赋能，不断滋养"天鹅S"，让"天鹅S"

▲ 立体思维四层拆分平面海报

▲ 重叠放大法制作的平面海报

积累为SKG的品牌资产。

　　华与华认为，所有的事都是一件事，平面广告和包装设计也是一件事，我们将这种重叠放大的设计也运用在我们全线的产品包装上，让包装成为陈列广告的工具之一，同时在终端形成货架优势，让我们每个包装都成为独立且免费的流量收集器。

▲ 新版SKG包装

第四章

货架思维构建终端超级流量漏斗

　　华与华将商品或品牌的信息和消费者发生沟通的地方，都称为货架。货架意识，就是明白这个世界是一个充满货架的世界，我们要无时无刻不意识到货架的存在。

　　货架有物理的货架、页面的货架、媒体的货架。在互联网时代，我们的生活离不开电商购物、外卖，很多人会认为现在线上页面的货架占据着主导地位。

　　但国家统计局、中商产业研究院发布的报告显示：2019年全国零售额为41万亿元，其中，线下零售占到了74.17%，几乎是线上零售的3倍，这说明线下零售仍然占据主流市场。

　　2019年同时也是SKG构建线下终端的元年，截至2019年12月，SKG已经在全国机场、高铁站、商场、3C数码店等布局了750家网点门店。

　　每个行业的特点都不一样，对快消品行业来说，核心沟通工具是产品的包装，包装设计就是实现购买的决胜点。而对数码行业来说，无论是颈椎按摩仪，还是手机、照相机，由于产品本身带有一定的功

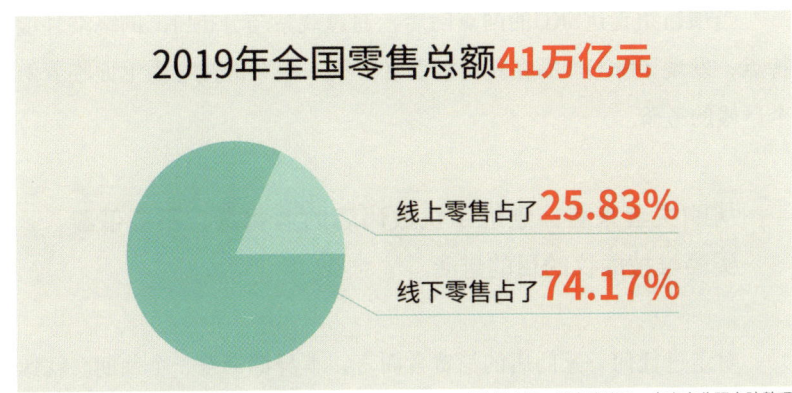

2019年全国零售总额41万亿元

线上零售占了**25.83%**

线下零售占了**74.17%**

*数据来源：国家统计局、中商产业研究院整理

▲ 2019年线上线下零售额占比

能属性，消费者在购买时必然会有试用体验这一步骤，因此，线下陈列成为产品与消费者沟通的核心工具，是达成购买的决胜点。

对于SKG来说，线下终端不仅是卖货的现场，也是消费者体验的现场，还是品牌传播的道场。

1. 从货架出发，审视终端环境

华与华从来都不是在电脑屏幕前做设计，而是根据"三现主义"在卖场里、货架前去"做设计"。为了让产品在销售现场有生存能力，我们的思维永远在货架上，用设计去解决销售问题。

货架本身分为A、B两面，货架的A面是一个有购买者经过的地方，因此，设计要以能否与消费者完成迅速且有效的沟通为标准；货架的B面是一个充满竞争对手的信息环境，因此设计要以能否让产品在货架上脱颖而出为标准。

当项目组走进SKG的网点门店,通过观察与分析SKG的终端环境特点,发现了SKG产品在获得消费者"第一眼"的注意力上面临着两个严峻的考验。

> **从购买者来看:走进手机数码店的消费者,不会带着买颈椎按摩仪的目的进店**

对走进任何一家门店的消费者而言,本身都带着一个预期。就像进入一家湘菜馆的消费者,他不会期待吃到东北菜。

同理,进入手机数码店的消费者,本身对按摩仪并不存在心理预期,这让产品更加容易被忽略。如果没有强烈的视觉刺激,或是店员主动推荐,恐怕产品只能沦为"羞答答的玫瑰,静悄悄地开"。

▲ SKG所处的门店环境

> 从信息环境来看：SKG的产品与耳机等产品摆在一起，是极容易被误解、被忽略的

SKG由于品类不够丰富，暂时不能支撑起一个个独立的专属门店，SKG的产品主要陈列于数码配件店，通常与耳机、手机、音响等数码配件放在一起。你和谁摆在一起，谁就是你的竞争者，此时的竞争是消费者注意力的竞争。

SKG的颈椎按摩仪作为一个带有健康护理属性的产品，与耳机外形接近，在这样的竞争环境里，极其容易被误解为耳机而被忽略。一旦被忽略，产品的生命周期就终止了，后面被拿起、被购买等一切的行为都不会发生。

无论从货架的竞争者信息环境上来看，还是从消费者经过的地方来看，SKG颈椎按摩仪在如此复杂的终端环境里，首先要解决"被看到"的问题。去吸引消费者的目光，并且做到被看到的同时被理解，让消费者清楚地知道，它是一台"颈椎按摩仪"，而不是其他产品。

▲ SKG所处的信息环境

2. 回到货架，构建终端超级流量漏斗

项目组对消费者在线下的行为动作做了全过程的拆解。顾客首先是走进商场，这时候他是茫然无预期的，然后他看到了产品陈列，陈列吸引他走了过去，如果引发兴趣他便会拿起产品，拿起之后会试戴体验，体验之后会进一步了解信息，最后咨询导购员并掏钱购买。

而在这所有的动作里面，项目组又聚焦在了4个关键行动上：

第一步：看到进店——"被看到"就是一个产品生命的基点，没有"看到"，后面的一切都不会发生。
第二步：拿起产品——消费者进入店内最初只处于一个观望状态，能吸引他的注意至产品旁，使其做出"拿起"的具体动作是关键点。

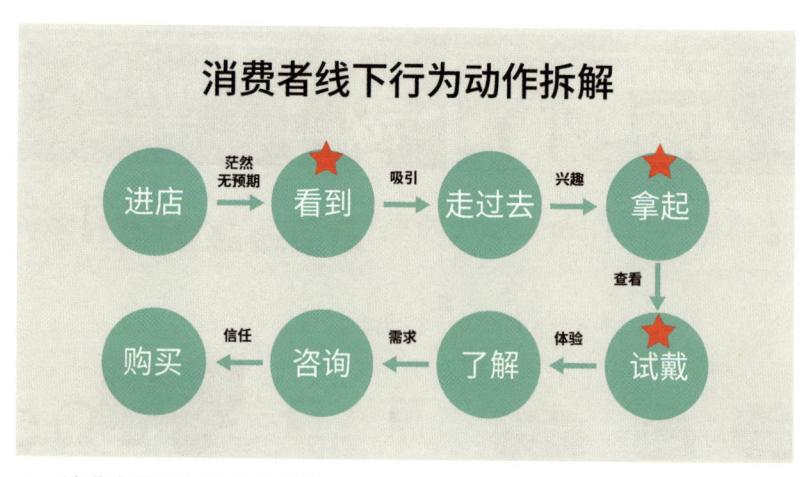

▲ 消费者线下行为动作拆解

第三步：试戴体验——体验是数码产品必经的步骤，一旦消费者开始试戴体验就成功了一半。

第四步：了解购买——体验过后需要提供消费者更多的决策信息，作为购买前的临门一脚。

邀约下指令，提升进店率

SKG有大量的产品是陈列在机场书店、3C数码店的，因此，通过广告释放信号，表明这家门店里有我们SKG颈椎按摩仪，就变得极其重要。

我们不仅使用了"重叠放大，一眼看全"的海报，还特别在海报上，加上了一条"进店免费体验"，这一个小小的信息，就向所有的顾客发起了"进店的邀约"，提升了进店率。

▲ 门店外的邀约海报

打造Mini店中店，提升拿起率

项目组用打造Mini门店的思考方式，为SKG颈椎按摩仪陈列台打造了五大机关：

机关一：利用生物趋光性，字体发光，吸引注意
机关二：360°旋转天鹅，让产品成为明星
机关三：背板主视觉一以贯之，持续积累品牌资产
机关四：展台放置折页，传递产品购买理由
机关五：价格签一目了然，促使决策思考

通过五大机关，项目组让SKG颈椎按摩仪陈列台成为整个店面的明星，提升了产品的拿起率；同时，将品牌信息、产品信息、购买理由等集合在陈列台这一最小单位上，使其进入任何一家门店，都能发挥出店中店的效果。

▲ SKG天鹅颈专属陈列台

▲ 终端网点的SKG天鹅颈专属陈列台

释放行动信号，提升试戴率

项目组在陈列台的旁边匹配了一个台卡，释放"转动脖子咔咔响，就是颈椎在报警"的行动信号。

体验就是行动，而促进行动的关键在于降低消费者尝试的行动成本。"转动脖子"就是所有人都可以随时完成的动作，是消费者做了也不会觉得尴尬的动作，这就降低了尝试的行动成本，而只要消费者的脖子动起来，听到了脖子的咔咔声，就帮助SKG完成了自测脖子状态的完整行为路径，促成产品的试戴。

我们还参照数码产品常用的按键说明方式，将按键的功能直接贴在产品上，使得每一个按键都对应一个具体的功能说明，让每一个拿起产品试戴的消费者，不用问导购，自己就能开机使用。

▲ 释放行动信号的台卡

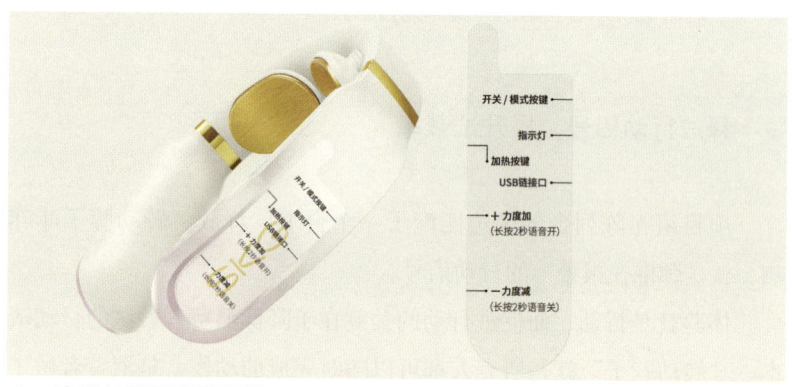

▲ 产品按键说明透明贴

折页充当金牌导购员，提升购买率

产品的体验时长一般是15分钟，有了这15分钟，我们就获得了和顾客深度沟通的机会，在终端，项目组让折页扮演金牌导购员的角色。

打开折页，首先利用人人都有的三大低头场景，唤醒消费者，抛出问题——只要低头，颈椎就会受损；然后说明产品的可穿戴特性，给消费者建立保护颈椎健康的正确观念——颈椎随时受损，那就需要随时护理。紧接着，用一个页面四个部分提供SKG的解决方案：

第一部分，一句话说明SKG的产品科学——"从神经，到血管，到肌肉，3层放松脖子"；

第二部分，两组对比图，将产品使用前后的效果可视化展示，有图有真相；

第三部分，3组描述体感的词，让产品体验更容易被消费者感知——"酥酥麻麻""暖暖的""脖子舒爽"；

第四部分，4个技术icon，为产品的技术支持背书。

▲ 折页充当金牌导购员

颈椎随时受损
当然需要随时护理

SKG可穿戴按摩仪，手机的重量，耳机的外观，让你可以走到哪按到哪，随时随地护理颈椎，脖子不舒服再也不用拖和抗。

健康穿戴新潮流

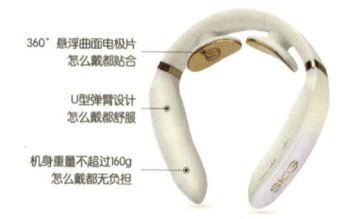

360°悬浮曲面电极片
怎么戴都贴合

U型弹臂设计
怎么戴都舒服

机身重量不超过160g
怎么戴都无负担

边工作边按摩　边刷手机边按摩　边追剧边按摩

举头 望明月
低头 伤颈椎

正常情况下，颈椎只承受头的重量，约5公斤。有研究表明**低头每增加15°，脖子的负重就增加1倍。**

长时间低头，不但肌肉会疲劳，颈椎也承受着不该承受之"重"，久而久之，脖子难免感到不舒服。

低头工作
伤颈椎！
低头30度
≈脖子负重 **18**KG

低头耍手机
伤颈椎！
低头45度
≈脖子负重 **22**KG

低头追剧
伤颈椎！
低头60度
≈脖子负重 **27**KG

*以上数据来源于美国脊柱外科主任肯尼斯博士研究成果。

▲ 折页内信息，抛出问题，建立预期

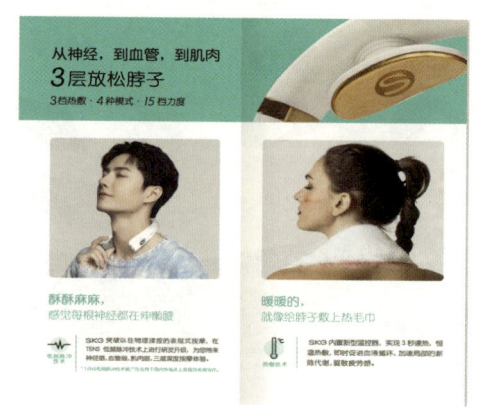

从神经，到血管，到肌肉
3层放松脖子
3档热敷·4种模式·15档力度

酥酥麻麻，
感觉每根神经都在伸懒腰
SKG 凭借SS立体推波浪式按摩，在TENS 低频脉冲技术上进行跃升，为您带来神经级、血管级、肌肉级三效深层按摩体验。

暖暖的，
就像给脖子敷上热毛巾
SKG 内置智能控温，实现3秒速热，恒温热敷，可针对颈部加强循环，加速肌肉的新陈代谢，疏散疲劳感。

▲ 折页内信息，提供SKG的解决方案

通过折页，SKG颈椎按摩仪的作用原理、产品特点让人一看就知道，当消费者对我们了解得越多，购买产品的概率也就越大。

3. 没有执行，一切等于0

没有创意，策略等于0；没有手艺，创意等于0；没有执行，一切等于0。好创意，还得有好执行。

截至2020年年底，SKG的线下终端网点已经扩展到了近6000家，同年7月份，SKG还在南京苏宁落实了第一家品牌专营店，全部网点门店均已执行以上广告画面、产品包装和陈列系统。SKG专属的品牌色，在整个商场的货架里，成为一道亮丽的风景线。

执行力就是第一生产力，执行力不好的团队有各种原因：一把手迟迟没有决策、部门墙阻隔致使效率低下、团队怕麻烦不愿意主动推进等。

而在与华与华的合作中，SKG团队始终由刘俊宏总裁亲自参与，团队的每一个人都在积极主动推进工作，形成了超强的团队执行力。超级符号于提案当天现场完成注册，3天即发布；提案当天道场形象，直接还原到SKG公司前台区；新的广告画面于1个月内，在机场完成投放；线下门店从方案形成到开店，只用了1个月。

在2020年疫情的影响下，SKG总体营收实现了50%的增长，线下销售实现了近3倍的增长。这样的成绩，离不开SKG团队超强的执行力，在此向SKG团队致敬。

华与华方法

华与华超级符号流量循环

流量转化是一切销售最基本的原理，所有的销售都是由流量转化而来。

回到营销的4P来讲，企业做推广的目的，就是让自己的流量成本持续走低，品牌越强，流量成本越低。因此，在华与华看来，流量投

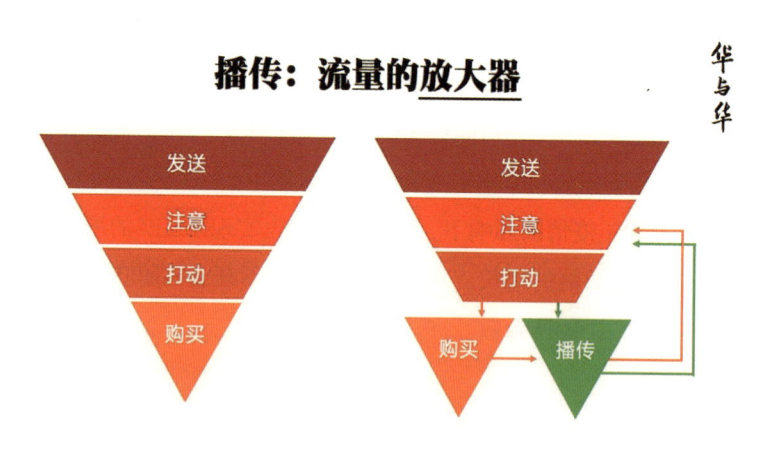

播传：流量的放大器

▲ "传统流量漏斗模型"与"超级符号流量循环模型"

入应该是投资，更是一种储蓄。

与传统流量漏斗模型对比，超级符号流量循环模型最大的差异点就在于"播传"，"播传"在其中充当了流量放大器的角色。

一方面，在超级符号流量循环中，由于每个环节都有超级符号的存在，流失的那部分消费者不是消失了，而是进入了循环。消费者看到超级符号，就形成了印象和记忆，当他下次再看到超级符号的时候，就会被唤醒，依靠这样的重复唤醒，品牌资产就能够形成积累，直到消费者完成购买。

另一方面，所有的流量不再只是购买者的角色，而是完成了传播者角色的升级。因为超级符号是人们本来就记得、熟悉、喜欢的符号，是隐藏在人类大脑深处的集体潜意识，记忆成本极低，传播效率极高。所以，超级符号流量循环中的每一个流量都有可能实现播传，进而衍生出更多的流量，将更多的流量带入循环中。

一个好的符号，就是一个播传的永动机，SKG的超级符号和品牌色，就是这样的永动机。超级流量循环里的流量不仅转化成了销售，还转化成了品牌资产。流量转化成销售，那是我们今天实现的，而转化成品牌资产，则是我们的万世基业。

在不到一年的合作时间里，SKG实现了超级符号的全面落地，体现了"所有事都是一件事"——品牌策略、广告传播、产品包装、终端陈列都是一件事的工作理念。

华与华的超级符号流量循环，为SKG品牌带来了可以持续积累品牌资产的流量大水库。华与华将继续为SKG构建强大的线下终端体系，实现每个门店既是销售现场，也是体验现场，还是品牌传播的现场，让SKG的发展拥有可以长期积累并带来复利的品牌资产基石。

奇安信

新一代网络安全领军者

华与华超级符号案例点评语

华 杉
华与华营销咨询有限公司创始人

奇安信跟华与华合作了八年，从来没有断过。

奇安信项目很完整地体现了华与华的三位一体企业战略方法论，就是找到一个社会问题，把解决这个社会问题作为自己的经营使命，使命决定战略。企业战略不是企业的战略，而是企业为解决某一社会问题，为社会制定的战略。那么这个战略是什么呢？就是一套产品或服务，我用这套产品和服务来解决这个问题。

2012年，因为互联网时代的到来，我们找到了互联网安全的问题，然后设想我解决网络安全问题的方案——三条业务线：一个是个人网络安全，一个是企业网络安全，一个是国家网络安全。

真正从一个社会问题出发，从0开始建构了一个今天700亿市值的企业，这个确实是华与华案例史上首屈一指的企业战略标杆。

奇安信
从0到1：华与华企业战略标杆案例

2019年10月1日上午，北京天安门广场正在举行庆祝中华人民共和国成立70周年大会。现场礼炮鸣响，万众欢腾。与此同时，一组神奇的安保人员显得格外冷静，他们正在全神贯注盯着电脑屏幕，在持续滚动的一行行数据中，不放过任何蛛丝马迹，全力保障国庆庆典的网络安全。

他们来自奇安信集团——一家专业的网络安全企业，也是独家负责天安门广场现场值守任务的安全厂商，目前为超过90%的政府和大型央企提供网络安全产品和服务，华与华是奇安信的战略品牌营销的终身顾问。

在一般公众的印象里，华与华是一家做To C的企业，提供战略咨询、营销策划、广告创意等服务。其实华与华擅长的恰恰是To B，正如华杉说的，To B才是我们的专业，华与华本身就是一家专业的B2B公司。只是因为To B的生意不太为人所知，实际上华与华对B2B企业的咨询量非常大。

2012年，华与华开始和奇安信合作，到目前已合作八年。奇安信项目组总结出做好To B品牌有两个关键——"定方向"和"降成本"。

第一章

从0起步，历经八年做到行业第一

企业是一种社会分工机制，是社会的器官，企业的宗旨必须是企业之外的。企业之所以存在，就是因为它能够向社会提供某种服务，为社会解决问题。

华与华否定风口论。有个"找风口"的说法，说找到了风口，猪都能上天。但是，那风口和你有什么关系呢？其实，每一个风口都有无数头猪，只有一头猪能上天，人们只看到了上天的那一头。

企业不要找风口，真正要找的是社会问题，找到自己的社会分工——到底这个社会还有什么问题，没人去解决，而我又能够去解决的？我到底能为社会承担什么责任，解决什么问题，这就是我的事业领域，是我的使命。由此提出华与华企业战略"三位一体"模型：企业社会责任、经营使命、企业战略三位一体。企业战略＝企业社会责任＝经营使命。

回到2012年，那一年微信已经普及，人们开始用上智能手机。华与华有一个非常大的洞察——将来每个东西都上网了，那网络就相当于水、空气、阳光一样，网络安全问题将成为一个巨大的、和每个人息息相关的社会问题。飞机、汽车都将变成一个大手机，一旦被坏人控制网络，后果不堪设想。网络安全，将成为社会的巨大需求。

基于对网络安全这个社会问题的洞察，2013年年初，华与华用三位一体模型为齐向东先生提出"保护中国互联网安全"的企业战略。

企业社会责任——保护中国互联网安全。

经营使命——保护中国互联网安全。

企业战略——拿出一套保护中国互联网安全的业务组合和产品结构，用这一套产品和服务，来解决中国的互联网安全问题。

有三点说明。

第一，之所以能用这个战略，是华与华看到了企业的资源禀赋——拥有中国用户量最大的网络安全产品，有最全的网络安全病毒数据库，有网络安全的品牌基因。

第二，确定了"保护中国网络安全"的经营使命后，要拿出一套保护中国网络安全的战略，就是拿出一套保护中国网络安全的业务组合和产品结构。主要包括三个方面：

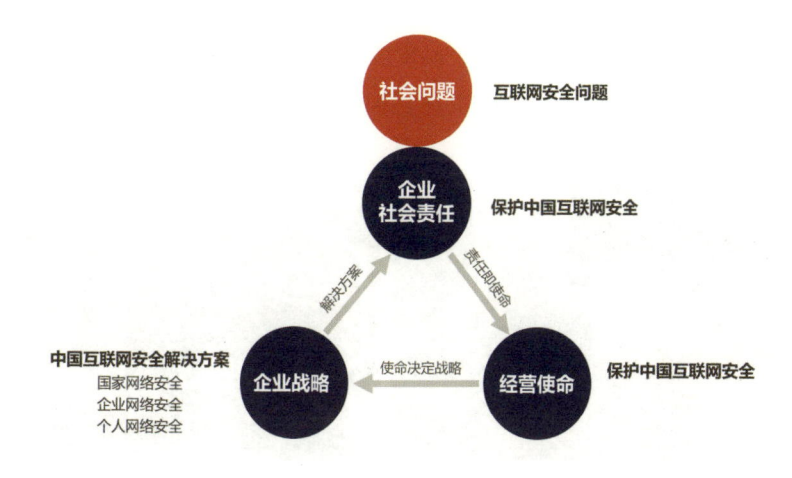

▲ 华与华企业战略三位一体模型

第一，个人网络安全

第二，企业网络安全

第三，国家网络安全

定了战略方向之后，就要考虑怎么赚钱。管理大师德鲁克说过：一个社会问题，就是一个商业机会。奇安信能保护好中国的网络安全，为中国社会解决了这个数字化转型时代的大难题，就将迎来巨大的商业机会。

让华杉印象最深的是，齐向东当时就预言了：互联网安全不会是To C的生意，而是To B的业务，因为顾客是普通的C端消费者，他不可能为家里的彩电、洗衣机、酒柜或者一把门锁，单独去买一个互联网安全的服务，一定是由厂商向安全公司来购买，所以这个业务是一个To B的业务，而互联网To C的流量变现模式已经给BAT占领得差不多了。他说那么在下一个B2B的时代，微软和IBM又将重新成为世界最顶尖的公司。后来微软果然重返全球市值第一。

到2020年7月22日，奇安信集团成功上市，当日市值超过900亿元，人员规模、收入规模、增速和产品覆盖度均居上市公司行业第一，被媒体称为"网安一哥"，奇安信也登上中国网络安全的最高峰。

▲ 奇安信上市现场　　　　▲ 齐向东董事长和华杉合影

从2013年制定战略，到2020年奇安信集团成功上市，从0起步，做到行业第一，整整走过八年。真正从一个社会问题出发，从0开始建构了一个今天数百亿市值的企业，是华与华案例史上的企业战略标杆。

第二章

数据虎符：蕴藏两千年文化原力的超级符号

和To C的快速消费品企业相比，To B企业的广告是很有限的。如何降低广告成本，提升广告效率显得尤为重要。当你走进奇安信集团北京总部的大厅，迎面会看到一只卧着的黄虎，身上有蓝色0101花纹，这就是华与华为奇安信设计的品牌超级符号，叫数据虎符。

▲ 奇安信集团总部大堂·数据虎符

1. 找到原力最强的、代表国家级的安全符号——虎符

超级符号是人们本来就记得、熟悉、喜欢的符号,蕴藏着人类文化里的"原力"。奇安信集团是专业的网络安全企业,而安全是人类的本能需求,伴随人类的产生而产生,伴随人类社会的进步而发展。在人类历史的长河中,和安全有关的文化符号有很多,代表国家级的安全符号,原力最强的就是虎符。

虎符是中国古代帝王授予臣属兵权和调发军队的信物,最早出现于春秋战国时期,当时采用铜制的虎形作为中央发给地方官或驻军首领的调兵凭证。虎符分成两半,一半在皇帝手里,一半在将军手里,只要虎符能对上,就有权力调动军队。所以虎符代表着中国历史上最高权力——兵权,又代表着最机密的安全认证。

虎符有着两千多年历史文化传承,是中国古代安全智慧结晶。将虎符作为奇安信品牌的超级符号,就能激活虎符身上蕴藏两千多年的安全之力,让奇安信一下子有了"两千年历史"。

2. 改造虎身上的铭文,将虎符独特化

根据网络安全的行业属性,我们在虎符的基础上融入了现代化和科技化设计元素,以二进制编码替换虎符身上的铭文。前中后的"1101""01"和

▲ 两个虎符(原力传递)

"1001",是奇安信拼音首字母"Q、A、X"的莫尔斯电码所对应的二进制编码,我们将其设计成为奇安信独有的品牌符号——数据虎符。

第三章

超级符号要生更要养

  2019年10月,第六届世界互联网大会在乌镇举行,奇安信发布了华与华设计的全新品牌符号"数据虎符",这个超级符号在世界舞台上完成首秀。

  行业展会是B2B企业很重要的货架,以奇安信为例,一年参加的大大小小展会近百场。在奇安信参加的展会上,领导最好奇的、问得最多的就是虎符。每次工作人员对虎符身上的安全文化历史的讲述,都是对奇安信品牌的二次传播。数据虎符帮助奇安信从科技类的同行里跳出来,降低了营销成本。

  2020年8月7日,奇安信携手北京冬奥组委、国际奥委会全球合作伙伴、北京2022年冬奥会官方合作伙伴以及北京2022年冬奥会各层级赞助企业,揭晓了奇安信与北京冬奥会联合标志。数据虎符借助奥运会的文化母体,提高了露出的效率和频次。

  现在,从奇安信集团总部的楼体广告到公司大厅,从办公用品再到大会赠品,数据虎符已经无处不在。

▲ 奇安信展会

▲ 展会虎符照

▲ 虎符礼品——纸袋

▲ 虎符礼品——水杯

▲ 机场单立柱

▲ 机场广告牌

第四章

打造世界级公关产品：北京网络安全大会

公关行业的创始人——爱德华·伯尼斯说：公共关系是一项管理功能，通过制定政策和程序，来获得公众的谅解和接纳。

这个定义的前提就假定为企业有错，需要刻意做些好事，来获得公众的原谅和接纳。庄子说："行贤而去其自贤之行。"意思是做好事的时候，不要去做那些为了让别人认为我好的事，因为那是伪君子的思维方式。

所以华与华重新定义了公关：即企业的社会服务产品。要用产品开发的思维做公关，开发公关产品。于是华与华为奇安信开发了北京网络安全大会——向安全从业者致敬的大会。

安全从业者是一群"隐秘而伟大"的存在。大多数企业里普遍不重视网络安全部门。BCS北京网络安全大会给了这些网络安全高管发光发热的机会。

华与华创意大会的口号："全球网络安全，倾听北京声音。"这体现了修辞学的功力。华与华认为广告语是修辞学的问题，所有的广告语文案都是修辞学，亚里士多德开创了修辞学，他对修辞学的定义是：说服人相信任何东西，或者促使人行动的语言艺术，并总结出了修辞学的四个要领：

  普通的道理；
  简单的字词；
  有节奏的句式，或者押韵；
  使人愉悦。

"全球网络安全，倾听北京声音"表明了大会既是关于网络安全的，又是代表中国的，更是代表世界的，这让大家一夜之间就认识了北京网络安全大会。

2019年第一届北京网络安全大会在北京国家会议中心召开，邀请了十大院士共话安全，3天参会人次超5万，超300家媒体全程关注。

2020年办第二届的时候，因为疫情，北京不能在线下办500人以上的大会，在六七月份还不能定。当时大家想办成线上云峰会，齐向东董事长坚决反对，说革命就需要请客吃饭，咱们一起干安全的专家们、朋友们好久没聚了，奇安信得好好张罗张罗。越是苦越是难的时候，奇安信越要给大家加油、打气！

最终，2020年北京网络安全大会邀请到了来自中、美、英、德、荷兰、以色列等11个国家及联合国等国际组织的500多位政要、两院院士、安全行业领袖、产业精英，以及全球知名安全研究机构和知名企业，共同探讨并推进"内生安全"理念的落地与实践。

大会首次采取"线上＋线下"超融合云会议形式，从8月7日开幕到16日结束，历时10天，开创了网络安全大会时间最长的纪录。

北京网络安全大会广泛集合了全球的网络安全技术、专家、机构和智慧，提供了一个世界级交流和研讨的服务平台。随着2019年和

▲ 大会口号"全球网络安全,倾听北京声音"

▲ 2019年BCS

▲ 2020年BCS

2020年连续召开两届，北京网络安全大会被誉为网络安全界的"达沃斯"大会。

华与华认为一切行业都是咨询业，一切公司都是咨询公司，都是顾客的咨询顾问。To B企业更是咨询业，特别需要提供知识、解决方案、产品及服务。通过"BCS北京网络安全大会"这个免费的社会服务产品，每年7—8月举办，系统输出专业知识，长此以往，观众将对奇安信形成更强的咨询信赖，大大降低了奇安信的营销成本。

从国家电网，到移动联通，从中石油中石化，到飞机高铁，奇安信守护着我们身边的每一个重大时刻。随着5G建设、新基建的到来，中国信息化正迎来新的建设高潮，即使最大胆的预言家也难以准确判断未来网络安全行业将拥有怎样庞大的市场增长空间。而作为这个行业的领军企业，奇安信未来不可限量。作为终身服务提供者和终身伙伴，华与华为奇安信所做的网络安全事业而骄傲！

华与华方法

华与华方法的"五个市场模型"

企业有五个市场,要"一个本体,五个市场",而不是只有一个顾客市场。

五个市场分别是顾客市场、资本市场、政策市场、人才市场、公民社会。

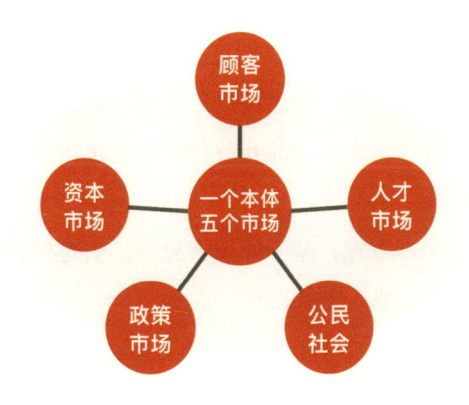

华与华"五个市场"模型

▲ 华与华"五个市场模型"

很多大公司把这五个市场分开，分给不同的部门，对顾客的有市场部、品牌部，对投资者的有投资者关系部，对政府的有政府事务部，对人才的有人力资源的雇主品牌部，对公众的有公关部。然后就把一个事情，肢解成了若干零碎事项，相互之间还有部门墙，不是在一个本体、一个战略下，一次成型，一体解决。

华与华为奇安信定位保护中国互联网安全之后，给公司的品牌公关工作带来了巨大的改变。在顾客市场，To B的互联网安全业务，每年以100%的速度增长。政府部门、大型企业都成为他们的客户。在政策市场，没有网络安全，就没有国家安全。奇安信的事业，与国家安全、社会公众安全联系在一起，因此赢得了政府的支持。在资本市场，也得到各方面的全力支持，在科创板上市；在人才市场，奇安信成为互联网安全人才心目中的大厂，并且推动中国的大专院校开设互联网安全专业。对于社会公众来说，奇安信也成为互联网安全的"守护者"形象。奇安信举办的BCS大会，则对政策市场、资本市场都有很大的推动作用，让社会公众、顾客市场更加全面立体地认识奇安信的企业形象，感受企业的创新精神和引领效应，让人才市场意识到企业对网安人才的尊重。因而它是华与华五个市场模型的一次集中应用。

一个本体，五个市场，你也可以用博弈论的理论去理解，那就是扩大游戏的参与方，扩大我们的利益相关者，也培植了我们生存的土壤，实现基业长青。

一体万物，一理万殊，基于原理去思考、去建构，就能如善战者动于九天之上，活在他人想象之外。

老娘舅

华与华超级符号案例点评语

华 杉
华与华营销咨询有限公司创始人

　　老娘舅项目获得了非常大的成功，整个项目也让我非常感动。华与华有一个最大的特点就是把一切工作都看作管理工作，比如包装设计就是看板管理。管理的基础就是泰勒的科学管理，泰勒拿着秒表去记录每一个工人的动作和动作花费的时间，看可以减少、改善哪个动作。老娘舅餐具和门店设计的工作就下了这样的功夫，项目组把老娘舅后厨的每一个岗位都轮岗了一遍。正因为下了苦功，所以做出来的东西能解决问题。始终服务于最终目的，所有这些不需要任何专业，只需要常识以及你用心去做。

　　老娘舅项目已经服务到了第三年，华与华一直在推一个品牌五年计划。第一年，我们为老娘舅创作了超级符号、品牌口号、品牌IP形象等品牌顶层设计并做了门店的持续改善。第二年，舅舅节、新米节、年年有鱼节，一个抓超级符号，两个抓拳头产品，三个节日推广活动为老娘舅奠定了非常好的营销日历基础。第四到五年是形成品牌文化，成为品牌公民。华与华要在2022年颁发500万元大奖，就是要推广我们的一个新产品——品牌五年计划。以后再来华与华不要考虑干一年就走，起步先做五年，打好五年的品牌基础再说。我们期待华与华与老娘舅合作第四年、第五年，项目组要继续创造更大价值。

老娘舅
华与华五年计划第二年

  老娘舅和华与华的合作始于2018年年末,在合作满一年时,老娘舅案例已经参加了第六届华与华百万大奖赛(2019年),并被写入《华与华超级符号案例集》一书中。2020年又参加了第七届百万大奖赛,为什么又来了呢?因为在连续服务老娘舅的第二年的时间里,老娘舅项目组又为老娘舅提供了新价值,取得了新成果。老娘舅案例就是严格按照华与华五年计划一步一个脚印走出来的,从品牌顶层设计到营销日历创意,从持续改善到餐具及空间设计,老娘舅案例完整体现了华与华"全案服务之价值、终身服务之理念"。

引 言

很多客户来华与华都会问一个问题：除了创作一个超级符号，想一句超级口号，你们还能做啥？为什么那么多客户愿意跟华与华持续合作那么多年？华与华全面服务、持续服务客户的秘诀是什么？"终身服务"的自信从哪里来？

华与华作为企业的战略营销品牌终身顾问，有个"品牌五年养成计划"，即通过五年时间、三大阶段建立一个扎根社会的完整品牌体系。

华与华品牌五年养成计划

企业战略营销品牌终身顾问

超级符号 品牌谚语 流量转化 产品开发	营销日历 品牌习俗	品牌文化 品牌公民
第1年	第2~3年	第4~5年

在第一年，通过超级符号、品牌谚语和产品开发建立品牌顶层设计，并通过持续改善进行流量转化。超级符号、品牌谚语、持续改善，这三个是"华与华三大核心技术"，华与华把这第一年的工作叫作完成一次超级符号的革命，播下一粒持续改善的种子。

第二年、第三年，帮助客户建立营销日历，形成品牌习俗。通过连续、固定的推广节奏，让顾客形成固定的期待。所以营销日历就是形成自己的一套推广的节奏，比如说西贝2月14日亲嘴打折节，通过亲嘴打折，让人们来西贝过情人节；4月份有机莜面节，就来西贝吃香椿莜面；6月份通过"家有宝贝，就吃西贝"，让家人带着孩子来吃儿童餐；11月是"那达慕草原美食节"，让喜欢吃肉的人来西贝吃蒙古牛大骨，大快朵颐。企业有这么一个节奏，固定下来之后你就会越做越简单，越做越精，而且顾客也就跟着你的节奏去跳舞。

第四年、第五年，形成品牌公民，在"顾客市场、人才市场、资本市场、政策市场、公民社会"五个市场建立起品牌资产，进入文化生活，品牌公民就有点像企业公民。品牌不仅是一种商业思想，更是一种文化现象，通过事件、词语、仪式建立品牌文化，让品牌成为传统文化的一部分，为社会做出贡献，真正成为社会的一个角色，成为融入文化生活里面的一分子，那么这个品牌的根就扎得深。

以西贝为例，第一届西贝那达慕草原美食节在锡林浩特正蓝旗举行，丰富了地方文化，回报一方人民，让草原文化全球化，让内蒙古美食全球化。第二届那达慕草原美食节，西贝把有795年历史的那达慕搬到北京，让城市人第一次近距离体验到那达慕和搏克比赛、蒙古族歌舞的魅力，让西贝那达慕草原美食节成为传播蒙古文化和美食的最佳品牌节日。西贝那达线下活动3天，参与人数突破6000人。

又例如，莆田从2017年起连续举办了4届莆田哆头蛏节，2019年到莆田哆头村，在这个村子做了第一届蛏子节，恢复了它历史上对蛏子的祭祀，市长也来了，媒体也来了，影响挺大。一个企业的生意就是一方人民的生计，莆田形成了一个不管是在销售上还是在文化上都对当地社会有贡献的平台。新加坡企业也因为上述成功案例，进中国市场找华与华合作，新加坡政府给咨询费补贴。

第一章

依托于三大核心技术的品牌顶层设计

我们简单回顾一下老娘舅项目组在第一个年度如何用"华与华三大核心技术"为老娘舅进行品牌顶层设计。

1. 超级熟悉的超级符号

超级品牌的本质其实就是超级熟悉。老娘舅的企业战略是做"中国米饭类快餐第一品牌",符号即战略,老娘舅品牌的超级符号是一个"米饭碗"和"舅"字的组合,是人人都认识、人人都熟悉的超级符号,老娘舅的IP形象,是一个严肃、讲究的舅舅戴了一个倒扣的米饭碗帽子,把大大的超级符号"舅字标"作为帽徽设计了进去,这是超级符号的形象化延伸,进一步强化了超级符号,并且再一次使老娘舅的品牌资产增值。

2. 有翼飞翔的品牌谚语

品牌谚语是品牌发展的另一只翅膀。品牌谚语就是品牌口号的理想形态：口耳相传，穿越时空，成为人们生活的一部分。品牌谚语不是我说一句话给消费者听，而是设计一句话让消费者去说给别人听。所以它最好是一句朗朗上口的俗语套话，要尽量押韵，创造语感，从而突破消费者的心理防线。

老娘舅最底层的基因和资源禀赋就是品牌名"老娘舅"和"米饭"，这是所有战略和创意的原点，所有战略和创意要紧紧围绕这个原点开展。老娘舅项目组从老娘舅以往的话语中寻宝挖掘到"吃饭要讲究，就吃老娘舅"，改了一个字，把"吃饭"改成"米饭"，变成了"米饭要讲究，就吃老娘舅"，虽然只有一字之差，但是意思已经大不一样了，具有更强的信任感、更明确的品类指向、更明确的战略指向，传递"做米饭类快餐第一品牌"的战略，口号即战略。"米饭要讲究，就吃老娘舅"，实现品牌名与品牌价值的完美契合。

> 米饭要讲究
> 就吃老娘舅

3. 招牌是与消费者沟通的第一步，也是最重要的一步，但不是全部

在超级符号、品牌谚语创意出来之前，老娘舅项目组就为老娘舅开启了"持续改善"服务，重新进行老娘舅门店物料系统设计，通过海报提高路过门店的消费者的进店率，进店后通过菜单设计提高点菜效率和店员的服务效率，用餐时通过店内海报提升消费者体验。并在一家门店实地做出来，测验实际落地效果，用实际数据说动客户执行。

超级符号、品牌谚语最大的媒体是招牌。把超级符号"舅"字标、"米饭要讲究，就吃老娘舅"放在招牌上，一个招牌就体现了一个品牌全部的战略。超级符号决定你看见什么，品牌谚语告诉你老娘舅是什么、到老娘舅能吃什么，门店改善物料告诉你为什么来吃，刺激你进店消费。

改造后的成果如何呢？在提案完成后的3个月内，超级符号、品牌谚语、持续改善物料就在老娘舅全市场全面落地。已翻新的241家门店，月营业额与2018年平均月营业额相比同比增长23%，老娘舅

2019年销售额同比提升19.8%！

　　企业战略、品牌战略、超级符号、品牌谚语、超级IP、持续改善都是一件事儿，而这所有的事全部呈现在老娘舅门店的招牌上，招牌即战略、招牌即品牌、招牌即产品、招牌即符号、招牌即IP。

　　这一切都是在我们服务老娘舅的第一年，一个团队围绕一条主线，一次成形、一竿子捅到底的成果。所有的创意环环相扣、互相强化，是一套独特的创意组合，形成了一个结构性壁垒和强大的叠加效应。

　　根据"华与华品牌五年计划"，在第二年、第三年要为客户建立营销日历，形成品牌习俗。在华与华服务老娘舅的第二年里，老娘舅项目组一口气为老娘舅创造性地推出了三个营销日历活动。

第二章

老娘舅的营销日历

为什么叫营销日历呢？一方面，日历是循环往复的；另一方面，日历是有固定节拍的。营销日历其实就是"品牌节日"，就是每年固定时间，重复同一个推广活动，培养消费习惯，形成对消费者的"驯养"。

营销日历与普通的推广活动创意有两个本质的区别：

> 一是营销日历活动是品牌独有的节日，是充分挖掘品牌自身与生俱来的戏剧性，为品牌量身打造的节日，是能够代表这个品牌的、独特的、有唯一性的品牌节日。
>
> 二是这个营销日历活动是在固定时间开展的，并且是每年重复开展的，是能够形成品牌资产的推广活动创意。

营销日历的推广活动创意可以实现大家的一个终极愿望：那就是"少干活，多赚钱"！老娘舅再也不用担心每年都想新的推广创意活动了。

1. 首届"老娘舅九九舅舅节"

第一个是"老娘舅九九舅舅节",这是为"舅舅"打造的一个专属节日。我们经常会过父亲节、母亲节,而华与华给舅舅创造了一个节日,来强化老娘舅核心品牌资产。这也是华与华常说的文化母体。

"九九舅舅节"从含舅舅的文化母体中来,到舅舅的文化母体中去,进而壮大文化母体,并且"舅舅"谐音"99",天然对应一个日子:9月9日。

通过"老娘舅九九舅舅节"强化老娘舅品牌与生俱来的戏剧性,占据"舅舅"这个称谓及背后的文化原力。

在活动形式的策划上,我们首先从"事件、词语、符号"三个维度进行考量,目的是创造体验、留下记忆、讨论传播,具体有以下三点:

(1)有事件就要有仪式,仪式能营造氛围、创造体验、强化记忆;

(2)活动形式最好是能互动,而且是可复制、低成本、易执行的互动;

(3)有节日就意味着有活动,有活动就意味着有福利,福利意味着参与率。

基于以上几点,我们为其创意了口号"大声喊舅舅,立减9块9",只要大声喊出"米饭要讲究,就吃老娘舅!舅舅!"达到99分贝,即赠9.9元抵用券,任意米饭套餐立减9.9元。

项目组特地为"九九舅舅节"设计了超级道具——分贝仪人形立牌,每家店都设置一个,所见即所得,喊到"99"就爆表!

- 仪式感强：喊出口号、喊出舅舅，喊出仪式感，营销热闹氛围；
- 品牌资产：通过喊品牌谚语、"舅舅"，让顾客宣传我的品牌资产；
- 互动性强：参与活动就有机会得福利，调动参与积极性，增强互动性；
- 一定门槛："喊话"及"99分贝"本身有一定门槛但不高，属于跳一跳就够得着的。

"老娘舅九九舅舅节"开展当天，294家门店共有4.4万人参与了"大声喊舅舅，立减9块9"活动。并且，9月9日当日客单数环比提升22.6%，同比提升9%；销售额环比提升13.7%，同比提升3.4%。

2. 首届"老娘舅新米节"

第二个是"老娘舅新米节"。老娘舅最引以为傲的就是那一碗讲究的米饭。老娘舅大米一年只种一季，每年10月底11月初，就是老娘舅大米丰收、新米上市的日子。

我们为这个特殊的日子创造了一个节日，叫"老娘舅新米节"，目的一方面是加强老娘舅"米饭拳头产品"品牌资产，构建老娘舅"米饭权威专家"品牌形象；另一方面不仅可以借新米上新进行产品宣传，而且可以带动产品销售。我们还为其设计了活动口号"10月收割　11月上桌"，有数字、有事实、有动作、有画面，用数字和动作

新米和陈米的区别

外观上　　　　　　　　口感上

新米的价值在大众消费者的脑海中
已有一定认知、已有一定的市场教育基础

传递"老娘舅新米"新鲜的程度和价值，同时突出了新米节的节日时间，是产品上新的通知。

消费者购买新米套餐，加3元可以换购一份500g的袋装新米，一方面把体验带回家，另一方面也推广了我们的大米零售产品，一举两得！

老娘舅新米刚上市一周销量就远远超出预期，500g袋装新米产品直接爆单卖断货了，工厂每天24小时开工也供应不上，甚至因为超负荷烧坏了机器，导致三天不能生产，这也是我们意料之外的。

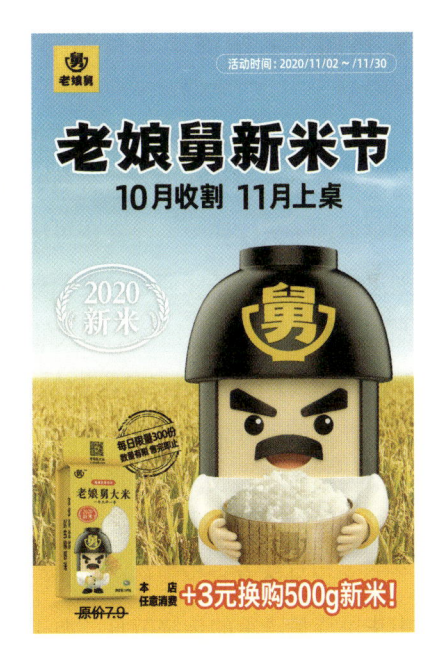

3. 首届"老娘舅年年有鱼节"

超级符号原理,就是借助超级符号放大购买理由,使商品和品牌寄生在某个文化母体中,在货架上第一时间与消费者达成沟通。超级符号原理十六字咒——"文化母体""购买理由""超级符号""货架思维",第一条咒便是"文化母体",怎么把我们的商品、我们的品牌,寄生到人类生活这个巨大的文化母体当中。

人类生活的戏剧就是不断循环往复,文化母体就是人类生活中循环往复的部分,就像中秋节要团团圆圆吃月饼,端午节要吃粽子,春节要贴对联、放鞭炮、拜大年……每年一到这个时节就会自动被卷入,不可抗拒、必然发生、周而复始,是集体无意识的。

文化母体有它约定俗成的时间、仪式、符号、道具。例如春节,中华民族最隆重的传统节日,源于殷商,确定于汉代,是一个基于中华传统文化的巨大文化母体,一个中华文化圈中的人共同参与的巨大的人类戏剧,有庞大的仪式体系、庞大的符号体系、庞大的惯性和庞大的商业活动。

宋代诗人王安石的《元日》就很形象地反映了春节这个文化母体是如何通过"时间""仪式""符号""道具"和人们一起进入春节这个戏剧的。

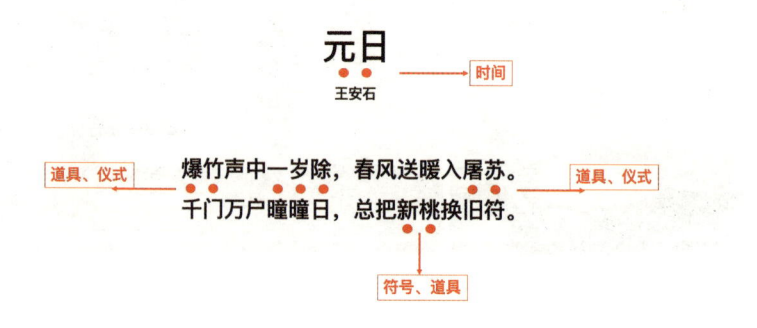

元日 —— 时间
王安石

道具、仪式 —— 爆竹声中一岁除,春风送暖入屠苏。 —— 道具、仪式
千门万户曈曈日,总把新桃换旧符。

符号、道具

首先，标题《元日》标明文化母体发生的时间，"爆竹""屠苏"是道具，通过"放爆竹""喝屠苏酒"这些仪式确认旧的一年过去了，迎来了新的一年之春。而用新桃换旧符代表辞旧迎新，贴上新桃就代表着新的一年，"新桃"是春节的符号和道具。

在为老娘舅规划营销日历的时候，我们找到了春节，这个必定会循环往复的戏剧，然后，植入老娘舅品牌，当人类戏剧进入这个环节的时候，老娘舅自然而然地就会出现。这就是品牌寄生。品牌寄生是品牌植入的升级。我们常常把品牌植入电影、电视、综艺中去，但是，如果能植入消费者的生活场景中，那是不需要掏赞助费的。

如何进行品牌寄生？就是要通过改造并占领特定文化母体中的词语、符号、仪式、道具，让其为我所用。

老娘舅要占领春节这个文化母体中的哪些词语、符号、仪式、道具呢？项目组自然而然地想到了"年年有鱼"。"年年有鱼"谐音"年年有余"，是中国传统吉祥祈福最有代表性的语言之一，是春节历久不衰的主题，是一个永恒的文化母体。中国传统春节节庆中就有"吃年年有鱼，讨个好彩头"的传统风俗，年夜饭里的一道年年有鱼菜是少不了的。将年年有鱼的原力植入老娘舅品牌中有一个重要原因——老娘舅品牌能寄生其上有一个非常契合的抓手：老娘舅的产品在这个文化母体中能充当一个道具。就像粽子是端午节的道具，月饼是中秋节的道具，西贝亲嘴打折节是爱的道具、情人节的道具，老娘舅的三大经典招牌产品之一"江南红烧鱼"，可以成为春节这个文化母体中的产品道具，通过唤醒产品实现母体寄生，在春节场景中寄生老娘舅品牌。

所以第一步，从名字开始就直接占领文化母体、占领词语、占领名词解释权——"老娘舅年年有鱼节"。第二步，通过唤醒产品实现母体寄生，进行产品再开发，重新擦亮招牌菜，将"江南红烧鱼"和"鱼肉狮子头"两个老娘舅当家品类产品,组合成"年年有鱼套餐",成为老娘舅每年春节期间的标志性产品。这不仅契合中国春节中的鱼俗文化,具有好彩头寓意,而且在实际运营层面,不创造新菜,通过原有菜品的组合便可形成新产品,减轻春节期间门店备货压力。

第三步,为年年有鱼创意购买理由,把活动内容直接说出来,一句话说清、一句话说动消费者,"吃年年有鱼,舅发大红包"!直接告诉消费者做什么、能得到什么,吸引消费者到店参与活动。

老娘舅
「老娘舅」
年年有鱼节
2021
吃年年有鱼
舅发大红包
江南红烧鱼
鱼肉狮子头
吃年年有鱼套餐
江南红烧鱼
鱼肉狮子头
周周都有8.8折
活动时间：2021年02月1日-02月26日

「老娘舅」
年年有鱼节

每周都能兑好礼
凭兑换码到柜台
消费任意套餐即可兑换
兑换日期：2月12日-3月31日

「老娘舅」
年年有鱼节
2021
红包发放日期：2月1日-2月11日　红包兑换日期：2月12日-3月31日

活动期间，购买年年有鱼套餐，即可送"舅舅超级大红包"6个！内含"福""禄""禧""吉""发""财"6个红包。到老娘舅吃年年有鱼套餐，就送"舅舅超级大红包"6个，红包背后还有惊喜福利：拿着舅舅红包到门店，消费任意套餐即可兑换好礼。这样做，我们又开发了一个可以放进顾客家里的广告位：红包——不仅在红包正面用老娘舅形象，积累品牌资产，而且我们把红包背面舌头部分也做成了一个广告位，给顾客超出预期的惊喜。

战略性的品牌推广活动，都满足以下三点：1. 寄生文化母体；2. 每年重复执行；3. 积累品牌资产。

你有没有发现，老娘舅的营销日历，都叫"首届"，"老娘舅首届九九舅舅节""首届老娘舅新米节""首届老娘舅年年有鱼节"。有首届，就会有第二届、第三届，做得越久，成本越低，积累得越久，价值越大。西贝的亲嘴打折已经是第六届了，足力健老人鞋的重阳节活动已经第三届了，老娘舅九九舅舅节、老娘舅新米节、老娘舅年年有鱼节这才刚刚开始，每年创意不变，只会持续精进。

第三章

老娘舅餐具设计：华与华工业设计代表作

大家可能不知道，我们华与华有一个强大的工业设计团队，老娘舅的餐具设计就是他们的经典代表作之一。

如何用华与华方法设计好一套餐具呢？最核心的还是"始终服务于最终目的，随时回到常识思考"。从常识去思考，从餐具使用的现场出发。

我们先看看餐具的整个使用过程。餐具的使用有两大现场：一个是顾客现场，一个是员工现场。顾客现场要关注的是使用体验，员工现场首先要关注的是运营效率。餐具设计的最终目的就是两个：一是提升使用体验，二是提高运营效率。

首先，使用体验又可分为视觉体验和人机工程。

视觉体验即美感，餐具设计必须美，既有单个的器物之美，又有组合之美；既要提升菜品丰盛感、为菜品增色增彩，又要提升层次感，各餐具间搭配合理、主次分明。通过有美感的设计，提升品牌档次感。

而人机工程在本次设计中简单来说即"手感"，即餐具的尺寸、形状与人体用力是否配合，用起来是否顺手和方便；另外，还有安全问题，使用过程中不要造成烫伤或出现容易掉落的情况。

其次，运营效率是餐具设计重要的评判指标和设计依据，提升运营效率，就是降低成本。餐具设计必须把降低生产成本、运输成本、使用成本、管理成本、耗损成本和储存成本作为设计的目的。

我们先来看看华与华设计的老娘舅新一代餐具与老娘舅旧餐具的对比：

▲ 华与华设计前vs华与华设计后

华与华设计之后的餐具在使用体验和运营效率上的五大提升：

（1）米饭碗：结合中国传统碗形美学设计，更具美感；更适合单手端取，有手感的同时更防滑、更安全；在提升了菜品分量感的同时，还减少了二次添饭的作业成本；总体空间利用率提高了60%。

（2）主菜碗：形制设计更能凸显主菜的价值感，提升主菜的丰盛感；同时，通过配套产品的通用性设计，既减少了生产成本，也提高了门店的运营效率。

（3）小菜碟：污渍残留的概率降低75%，空间利用率提升16.7%。

（4）炖蛋盅：导热性能更佳，减少因加热过久造成的开裂。

（5）餐具总重量减少21%，既降低了生产成本，又减小了顾客取餐及员工送餐、收桌的压力。

这些是怎么做到的呢？下面为您详细介绍华与华是如何用三现主义为老娘舅设计餐具的。

一切问题在现场，一切答案也在现场

通过去到现场、看到现物、发现现实来盘点现状，从现场、现物、现实出发，以餐具的使用场景为依据做设计，不仅要考虑顾客的使用体验，更要考虑运营效率及店员的使用体验。

现场

在设计之前，我们首先画了一张餐具使用路线图，来说明餐具在门店现场流转的全过程，具体可分为两大部分：顾客使用现场和员工使用现场。

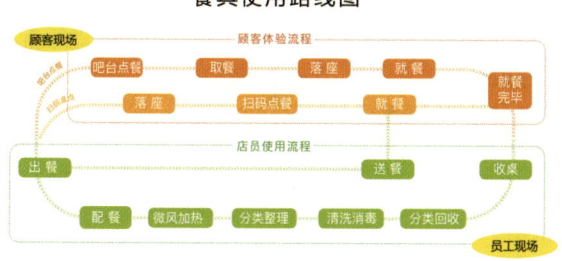

餐具使用路线图

顾客现场 — 顾客体验流程
吧台点餐 → 取餐 → 落座 → 就餐 → 就餐完毕
落座 → 扫码点餐 → 就餐

店员使用流程
出餐 → 送餐 → 收桌
配餐 → 微风加热 → 分类整理 → 清洗消毒 → 分类回收

员工现场

现物

以老娘舅目前用得最多的第五代餐具为例，盘点老娘舅的餐具，共有9大类25种，我们本次设计的是主套餐餐具及儿童餐具。

老娘舅历代餐具
5代
4代
3代
2代
1代
2~5代餐具同时在用

现实

我们把顾客使用现实及员工使用现实的每一个环节的动作、问题或需求都分点列出，总结了12大问题及需求点：

顾客体验层面
1. 餐具过沉，取餐吃力；
2. 饭碗的识别性不够，像钵不像碗；
3. 主菜显得量少、不够丰盛；
4. 主菜不突出，主次不够分明，仪式感不强；
5. 部分餐具颜色显脏；
6. 儿童餐具没有专门的儿童餐勺，目前所用的对儿童而言太大。

运营管理层面
1. 餐具沉，员工送餐、收桌等耗力大；
2. 白色餐具报损率高；
3. 形制较深的餐具，如小菜碟和炖蛋盅损耗率高；
4. 所有餐具都对摆放稳定度要求高；
5. 所有餐具都对叠放、收纳等空间利用率要求高；
6. 所有餐具都对耐热、散热要求高。

下面就根据三现主义总结的问题及需求点,为你逐个讲解米饭碗、主菜碗、小菜碟、炖蛋盅、餐盘和儿童套餐的设计。

不过在开始单个产品的设计之前,我们首先要考虑这套餐具的整体色彩搭配,这是第一步。

我们前面讲到餐具要适宜现有的菜品特色,烘托菜色,所以我们在门店做了餐具颜色选择的对比试验:

通过对比试验,我们得出三个结论:

(1)老娘舅的米饭用的是不杂交、不转基因的江南原生小粒米,米粒本身泛着淡淡的乳黄色,这种米饭用黑色碗盛装更能显出质感;主菜、小菜,都在黑色容器中更显菜色(但海带丝适合白色碟)。

▲ 白色小菜碟vs黑色小菜碟的盛装效果

▲ 不同颜色餐具中米饭的盛装效果

（2）炖盅沿用白色，作为调剂色，避免整体摆盘过于沉闷。

（3）当有三个小菜时，采用"二黑一白"的搭配。

1. 米饭碗的设计

米饭碗的设计有两个要点：一是碗形，二是大小。

首先是碗形的选择，中国有几千年的碗形制作和使用经验，我们不可能脱离前人留给我们的宝贵经验自己凭空创造一个，所以我们首先从历史中找寻经典的米饭碗的碗形。

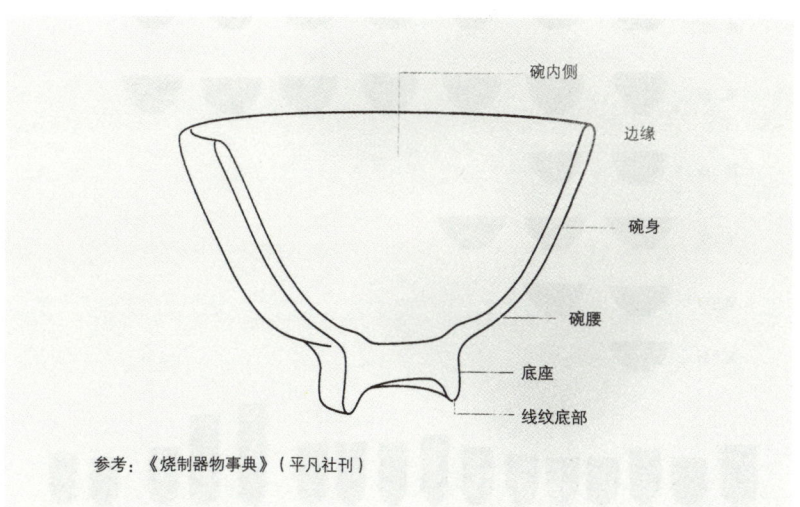

各朝代典型碗形及特征

年代	约公元前170万-2070年	约公元前1600年	约公元317年	约公元618年
朝代	原始社会	商朝	东晋	唐朝
典型器	平底碗 / 钵	敞口碗	莲纹瓣碗	玉璧底碗 / 撇口碗 / 花口碗 / 温碗
典型特征	以底足平削为特点,东晋时期出现足台 / 基本造型为敛口、鼓腹、平底,始见于新石器时代	以碗腹曲线外敞,外沿轮廓曲线在碗口处基本呈直线收口	以碗外侧腹壁上的莲花瓣纹而得名,呈敞口型	碗底为壁型,墨心内凹,圈足较宽 / 外轮廓曲线在碗口处朝离碗心的方向收敛,略以呈撇唇状向外翻撇,腹壁曲线的弧分反向的上下两段 / 口沿部分形似花瓣,有荷叶式、葵瓣式、海棠式、莲花式、菱花式等多种 / 多为撇口或直口,深腹,腹以下内收,圈足

年代	约公元960年	约公元1271年
朝代	宋朝	元朝
典型器	笠式碗 / 收口碗 / 葵口碗 / 诸葛碗	高足碗 / 折腹碗
典型特征	广口、小圈足,腹壁曲线接近直线,倾斜度45度,整体造型似倒置的斗笠 / 口沿曲线轮廓曲线在碗口处朝碗心方向延伸 / 敞口,腹部略有弧度,小圈足 / 造足为敞口,弧腹,圈足。底与碗心呈双层夹空,底面有孔与空腹相通	造型为口微敛。近底处丰满,下承高足,造型与高足杯颇为相似 / 腹壁曲线出现转折点,敞口、浅腹、典型折腹碗口与底之间室内弧形,底与圈足之间呈外弧形,两侧弧之间有一明显折角

参考:《烧制器物事典》(平凡社刊)

我们研究了各朝代典型碗形及特征，根据器物碗口、碗腹、碗底、碗足的不同，可分为七大类，如下图所示：

碗类陶瓷器型（7大类）

高足碗
造型与高足杯相同，略大。元代龙泉窑、景德镇窑盛烧，明清继续烧造，品种有青釉、卵白釉、青花、釉里红等。

宫碗
口沿外撇，腹部宽深丰圆，造型端正，多为皇宫用器，故名。明正德时烧制最为著名，有"正德碗"之称。

鸡心碗
深腹，小圈足，碗底心有鸡心状突起，故名。明永乐、宣德两朝烧制较多，以青花瓷器为多。

斗笠碗
广口，斜腹壁呈45度角，小圈足。因倒置过来形似斗笠；故名。宋代始烧，此后历代均有烧制。

折腰碗
敞口，圈足，碗下腹部硬折，故称折腰碗。最早见于五代，元代销行最广。

卧足碗
浅腹，碗底心内凹，以碗壁充当圈足，故称卧足碗。多见于明清两代。

孔明碗
由两只碗粘合而成，两碗间中空，外碗底心有一孔，故称孔明碗，亦称诸葛碗。始于北宋龙泉窑，明代景德镇有烧制。

我们从这七类不同碗形中采用黑色进行建模、筛选，不仅从美观性考量，在筛选时把摆放的空间利用率也作为一个评价要素。

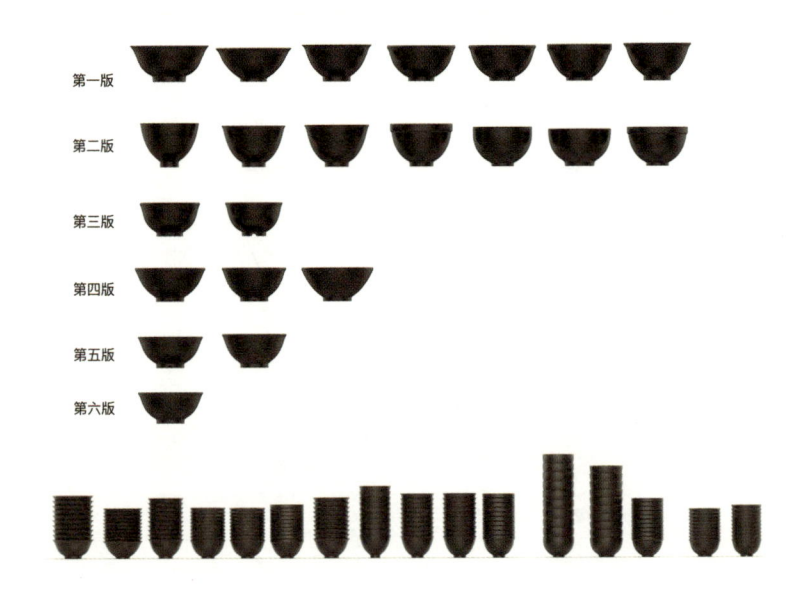

第一版

第二版

第三版

第四版

第五版

第六版

我们前后一共进行了六轮建模，每版都3D打样出实物进行对比。

经过对比试验，我们认为结合了宫碗与鸡心碗的形制特征的这款碗形经典大气，是最佳的碗形选择。

宫碗　＋　鸡心碗　→

碗形确定了，第二个难题是碗的大小。

衡量碗的大小主要依据三个数据：口沿直径、整体高度、厚度。

关于碗的大小有两个考量维度和判断标准：一是要符合人机科学，即产品的尺寸、形状与人体的用力是否配合，产品是否顺手和方便使用；二是需要提高菜品的丰盛感。

在思考如何符合人机科学方面，我们主要从历史数据、饮食习惯和生理结构三个方面着手进行研究。

历史数据：碗的形制（口径、高度）的历史数值范畴

我们研究了从先秦至清代各时期碗形的高度、口径的取值范围，得出一个研究结果：碗的高度基本值范围为5~9cm，口径的基本值范围为12~18cm，这是在长期的历史演进中形成的、经过历史检验的合理的大小区间，我们把这个作为一个参考数据。

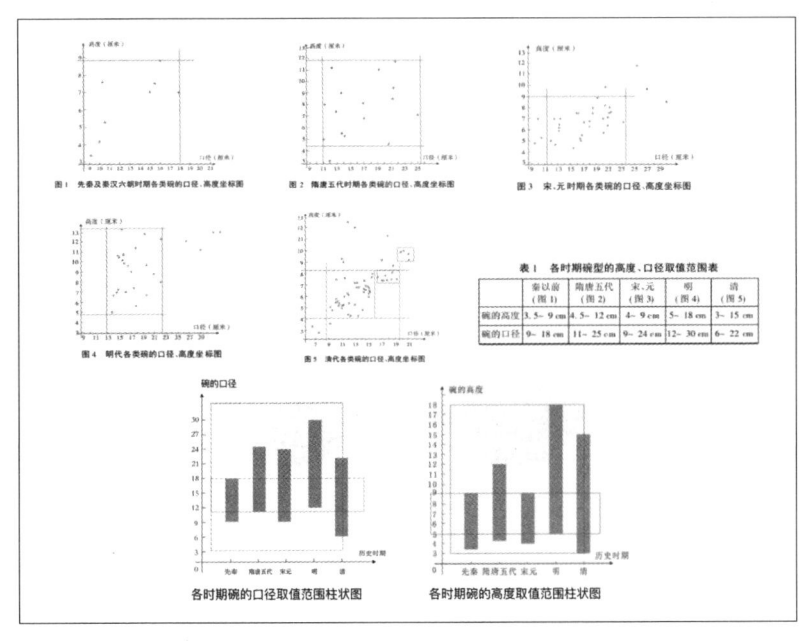

表1 各时期碗型的高度、口径取值范围表

	秦以前（图1）	隋唐五代（图2）	宋元（图3）	明（图4）	清（图5）
碗的高度	3.5~9 cm	4.5~12 cm	4~9 cm	5~18 cm	3~15 cm
碗的口径	9~18 cm	11~25 cm	9~24 cm	12~30 cm	6~22 cm

▲ 数据来源：张予林，景德镇陶瓷学院，硕士论文《陶瓷碗类造型的发展演变研究》，2010

饮食习惯：符合单手端取的使用方便性

我们至今在使用碗的时候，还保留着祖先留下来的这些席地而坐时的动作——将碗从餐桌端在手里，方便使用者将食物拨入口中。

我们在门店观察中也注意到很多顾客会端着饭碗吃饭，所以设计时要考虑单手端取的使用方便性。

生理结构：从生理结构研究适用性

根据生物学数据，人类手掌长度在16~20cm之间，拇指与中指的距离为20cm，手掌宽度为7~19cm（东方人生理的一般数据）。两手合围，直径约为9.5~12cm。也就是说，将碗的直径做成9.5~12cm，是最适合我们一只手端取的。

而我们饭碗的高度，一般是碗的直径的一半，最多也不会超过7cm，这正是大拇指的高度，这样，我们能正好用拇指扣住碗沿。

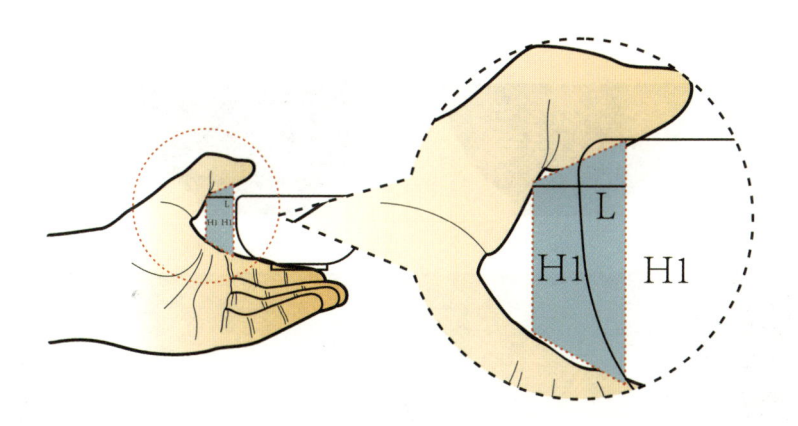

综合这三点，取其合集，我们得出碗的高度在5~7cm，口径在9.5~12cm这个参考区间。

第二个维度是提高产品丰盛感。餐具是为产品服务的，尤其是作为餐饮业来说，产品呈现给顾客需要体现其丰盛感和价值感。

所以我们在这个区间基础上，把口径适当加宽，并且调整了碗底部的线条，使之在装上米饭时显得更加饱满丰盛。

调整过后的米饭碗不仅拿在手里大小适中、适合单手拿取，也提高了产品的丰盛感；同时，老娘舅的米饭是可以免费续添的，这个大小符合一个成年人一餐的饮食标准，一顿吃完刚刚好，减少了二次添饭的作业成本。

除了以上两大要点，我们还在碗口口沿做了加厚处理，防止清洗和摆放过程中的碰撞破损；在碗的侧面，增加了波纹设计，既能防滑，拿在手上也更有触感；碗底增加"舅"字LOGO，强化品牌。

除此之外，我们还在碗底部设计了一个小的缺口。不要小看这个缺口，它可是"小缺口、大作用"：

第一，可以防止碗底和桌面形成气压，自动漂移；

第二，能在保温过程中更好地传导热量，还能减少因为加热过久造成的龟裂；

第三，不易存水，防止水渍存留。

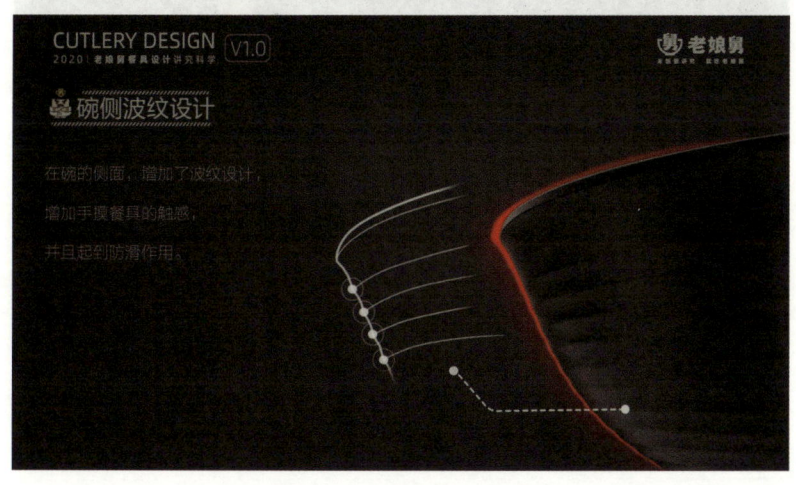

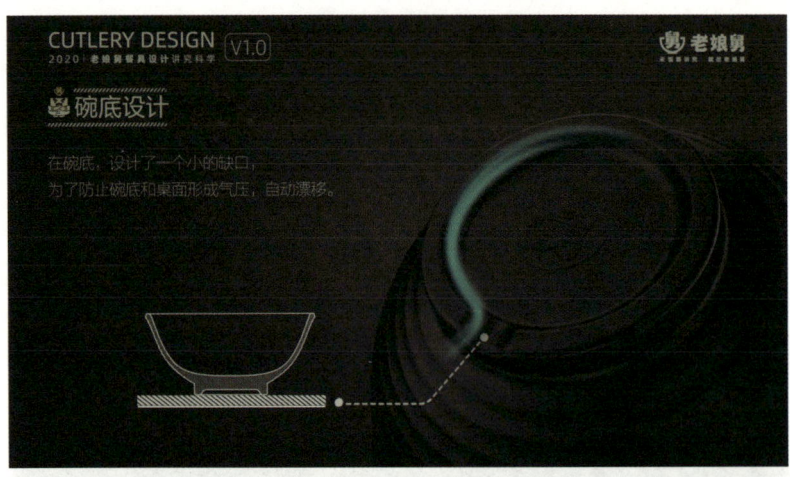

CUTLERY DESIGN 2020 | 老娘舅餐具设计研究科学 V1.0

碗底设计

在碗底，设计了一个小的缺口，为了防止碗底和桌面形成气压，自动漂移。

CUTLERY DESIGN 2020 | 老娘舅餐具设计研究科学 V1.0

碗底设计

在保温过程中更好的传导热量，还能减少因为加热过久造成的龟裂。

1. 能够紧凑地收纳，节省空间。
2. 底部支撑点契合，叠放时稳定性好。
3. 叠放的时候能确保充分的间隙，两碗之间不易吸住。

CUTLERY DESIGN V1.0

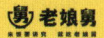

米饭碗 叠放

高456mm
摆放24个碗

叠放剖面图

高470mm
摆放15个碗

before
一排15个，共45个

after
一排24个，共72个

CUTLERY DESIGN V1.0

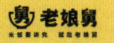

米饭碗 6大讲究科学

- **大小**
  通过口旧直径和高度的调整，碗的大小符合一个成年人一餐的饮食标准。同时，调整了碗底部的线条，盛上米饭显得更加饱满丰盛。

- **侧面波纹**
  在碗的侧面，增加了波纹设计，增加手摸餐具的触感，并且起到防滑作用。

- **底部LOGO**
  碗底增加"舅"字logo，强化品牌

- **碗型**
  碗型设计结合了经典的宫碗和鸡心碗的造型，经典大气

- **碗口加厚**
  碗口做了加厚处理，防止清洗和摆放过程的碰撞破损。

- **小缺口 大作用**
  在碗底部，设计了一个小小的缺口：
  一、防止碗底和桌面形成气压，自动滑移。
  二、在保温过程中也能更好的传导热量，减少因加热过久造成的龟裂。
  三、不易存水，防止水渍存留

177

同时，我们在设计的时候还充分考虑其叠放的功能性，做到易收纳、易拿取、更稳定，提高叠放稳定性，减少储存成本。

我们还为此做了摆放测试，同一高度下，原先能摆放15个碗，现在能放24个碗；在实际使用的收碗筐内，原先能放45个，现在能放72个，空间利用率提高了60%。

这就是老娘舅米饭碗设计的六大科学，每一步都精益求精，每一个线条都经过仔细推敲，每一个功能都有实际要解决的问题。

2. 主菜碗的设计

主菜碗的设计首先明确其目的，根据目的做设计方案：

（1）让主菜更突出；
（2）让菜品显得更丰盛；
（3）让整个套餐层次更丰富；
（4）提升档次感、仪式感。

CUTLERY DESIGN V1.0

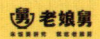

2020 | 老娘舅餐具设计讲究科学　　老娘舅

主菜砂锅 5大讲究科学

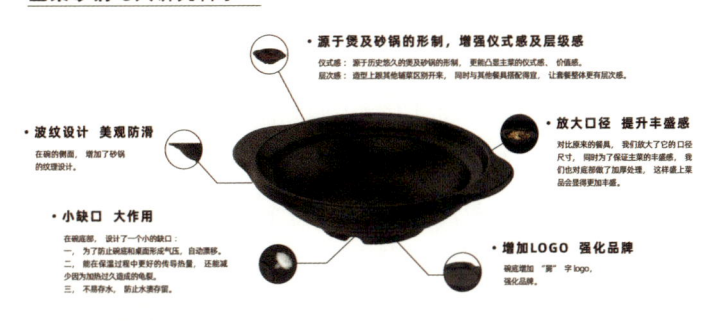

- **源于煲及砂锅的形制，增强仪式感及层级感**
  仪式感：源于历史悠久的煲及砂锅的形制，更能凸显主菜的仪式感、价值感。
  层次感：造型上跟其他铺菜区别开来，同时与其他餐具搭配得宜，让套餐整体更有层次感。

- **波纹设计 美观防滑**
  在碗的侧面，增加了砂锅的纹理设计。

- **放大口径 提升丰盛感**
  对比原来的餐具，我们放大了它的口径尺寸，同时为了保证主菜的丰盛感，我们也对底部做了加厚处理，这样盛上菜品会显得更加丰盛。

- **小缺口 大作用**
  在碗底部，设计了一个小的缺口。
  一、为了防止碗底和桌面形成气压，自动漂移。
  二、能在保温过程中更好的传导热量，还能减少因为加热过久造成的电泳。
  三、不易存水，防止水渍存留。

- **增加LOGO 强化品牌**
  碗底增加"舅"字logo，强化品牌。

179

我们在进行消费者调研和市场走访时，发现老娘舅之前的主菜餐具最主要的问题是不够突出，显得量少，对比其他快餐品牌，这个问题更加突出。

所以，第一，我们选用了历史悠久的煲及砂锅的形制，更能凸显主菜的仪式感、价值感；同时造型上跟其他辅菜区别开来；并且与其他餐具搭配得宜，让套餐整体更有层次感。

第二，对比原来的餐具，我们放大了它的口径尺寸，我们也对底部做了加厚处理，这样盛上菜品会显得更加丰盛。

第三，在碗的侧面，增加了波纹设计，既美观又防滑。

第四，同样在碗底部，设计了一个小的缺口，这和米饭碗底部的小缺口是一样的原理。

第五，碗底增加"舅"字LOGO，专属识别，强化品牌。

并且，我们在门店后厨实践中了解到，米饭碗和主菜碗的保温盖最好能通用，所以我们把这点也作为设计大小的考虑要素，保证了米饭碗和主菜碗能同用一个保温盖，既减少了生产成本，也提高了门店的运营效率。

3. 小菜碟的设计

根据我们前期的三现主义（现场、现物、现实）调研，小菜碟的设计要满足三个需求：

（1）不易显脏；
（2）通用性强；
（3）不易开裂。

▲ 以蛋饺为例

第一，我们把购买的各式小菜碟样品带到门店，对老娘舅现有的各种小菜产品进行盛装试验。

我们通过实际盛装对比试验，发现除了海带丝，黑色更显小菜菜色，所以除了海带丝用白色碟，其余小菜都用黑色碟。同时，黑色更加耐脏，不易留下污痕。

第二，我们在前期实地调研中发现原小菜碟把手处手柄易脏，形制较深的小菜碟更易开裂、损耗率高。

基于这些观察和需求，我们选择了浅底四角形制的小碟，有四个拿捏的位置，污渍残留的概率降低75%。

并且，通过实际测试，我们发现这种浅底方形的造型通用性更高，适合装所有目前已有的小菜，包括蛋饺、鸡翅、海带丝、西蓝花等；同时，浅底造型的开裂率，小于较深形制造型的开裂率。

第三，同样，我们也在碗底部设计了一个小的缺口。

在同样的高度下，原先能放30个小菜碟，现在能放35个，空间利用率提高了16.7%。

值得一提的是：这款小菜碟是市面上已有的产品，通过试验对比下来以它作为老娘舅的小菜碟非常合适，且工艺成熟，所以我们没有进行再创造，好的东西就直接拿来用，知道什么东西好、好在哪儿，也是一种能力。

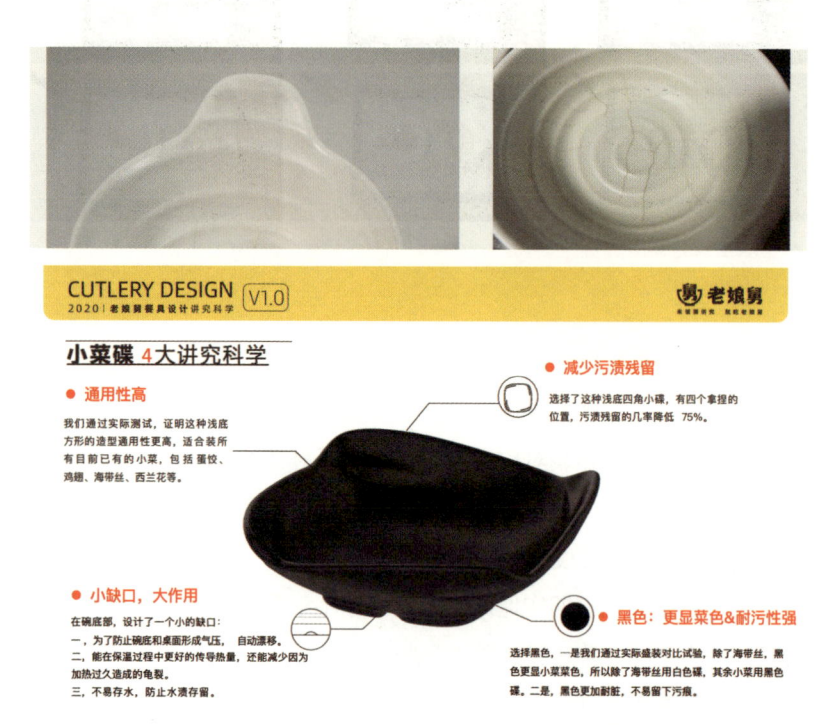

CUTLERY DESIGN V1.0
2020 | 老娘舅餐具设计研究科学

小菜碟 4 大讲究科学

● 通用性高

我们通过实际测试，证明这种浅底方形的造型通用性更高，适合装所有目前已有的小菜，包括蛋饺、鸡翅、海带丝、西兰花等。

● 减少污渍残留

选择了这种浅底四角小碟，有四个拿捏的位置，污渍残留的几率降低 75%。

● 小缺口，大作用

在碗底部，设计了一个小的缺口：
一，为了防止碗底和桌面形成气压，自动漂移。
二，能在保温过程中更好的传导热量，还能减少因为加热过久造成的龟裂。
三，不易存水，防止水渍存留。

● 黑色：更显菜色&耐污性强

选择黑色，一是我们通过实际盛装对比试验，除了海带丝，黑色更显小菜菜色，所以除了海带丝用白色碟，其余小菜用黑色碟。二是，黑色更加耐脏，不易留下污痕。

同样的高度　　　　30 vs 35

4. 炖蛋盅的设计

炖蛋盅我们也没有进行再创造,而是针对发现的问题进行改善。

针对调研中发现的炖蛋盅易开裂的问题,经过门店实践、店员访问及与供应商交流讨教,我们发现,报损率高是长时间密闭加热导致的,所以我们在底部加热口做了加大处理,减少了加热过久导致的破损,热量的传导也更加充分。底部的小缺口能在保温过程中更好地传导热量,还能减少因为加热过久造成的龟裂。

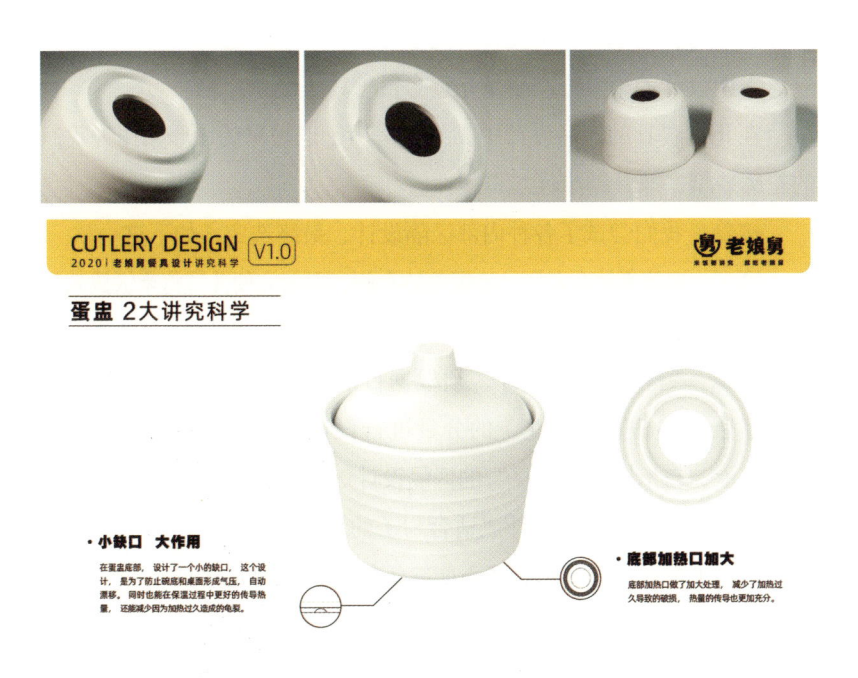

CUTLERY DESIGN V1.0
2020 i 老娘舅餐具设计讲究科学

蛋盅 2大讲究科学

· **小缺口 大作用**

在蛋盅底部,设计了一个小的缺口,这个设计,是为了防止碗底和桌面形成气压,自动漂移。同时也能在保温过程中更好的传导热量,还能减少因为加热过久造成的龟裂。

· **底部加热口加大**

底部加热口做了加大处理,减少了加热过久导致的破损,热量的传导也更加充分。

183

5. 餐盘的设计

上面提到的餐具重量过沉的问题，很大原因是原来的餐盘材质为密胺，我们走访日本快餐店时发现，大多数日本快餐店用的都是塑料材质的餐盘，我们也发现在餐具用品市场，主流的餐盘材质都是塑料，只是品质有区别。

所以我们更换了餐盘材质，改为木纹塑料材质，在保证质感的前提下，减轻了将近50%的重量；同时，我们在餐盘周边加了一圈黄边，既与品牌色相呼应，又更加醒目。

就这样，老娘舅新一代餐具诞生啦！

本次设计的第二个产品是儿童套餐餐具。

在儿童餐具的产品设计中，我们采用了老娘舅的IP形象作为我们的轮廓造型，兼具趣味性与符号性。

接着，我们尝试了各种内部区隔设计，最终选定了如下这一款。

第一，把蒸蛋放在左侧、米饭等放右侧，不仅方便儿童将米饭拨入口中，更是因为蒸蛋容具较高，放在右侧的话，小朋友不容易够着其他菜。

第二，餐格的大小设计，须根据目前的儿童套餐各菜品（豌豆饭、蒸蛋、鸡翅、西蓝花）的分量进行设计。所以我们选择了这个"左蒸蛋、右米饭、四小格"的区隔设计。

第三，内部的圆角设计成适合勺子的角度，使角落部分的食物更容易用勺子挖取，尤其适合还不能熟练使用勺子的儿童。

第四，在餐盘两侧的背面设计了弧形凸起，拿取更加方便。

第五，在餐盘底部设计了IP卡通插画，一方面是增强趣味性，小朋友吃完饭发现碗底还有惊喜；另一方面，是积累品牌资产。同时，黄白配色，也显得清爽活泼。

185

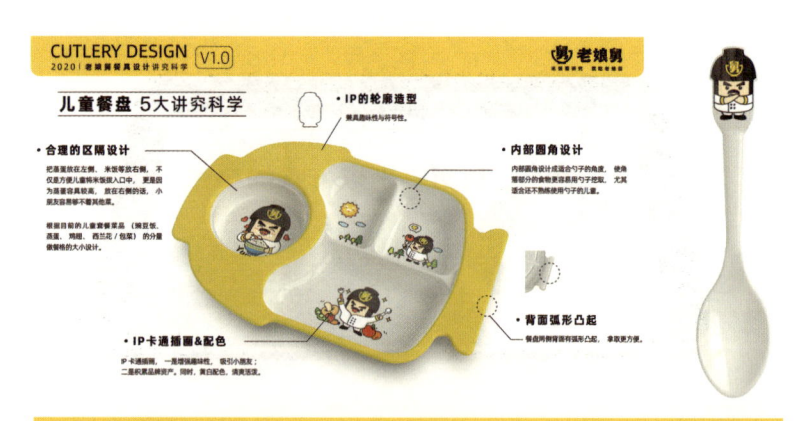

CUTLERY DESIGN V1.0
2020 | 老娘舅餐具设计讲究科学

儿童餐盘 5大讲究科学

- **IP的轮廓造型**
  增加趣味性及吉祥性。

- **合理的区隔设计**
  把蔬菜放在左侧，米饭等放右侧，不仅是方便儿童将米饭狭入口中，更是因为蔬菜容易掉落，放在右侧的话，小朋友就易举不到其他食。
  根据目前的儿童营养餐菜品（娃豆饼、薯蓉、鸡蛋、西兰花/包菜）的分量做餐格的大小设计。

- **内部圆角设计**
  内部圆角设计成适合勺子的角度，使食物部分食物能更容易用勺子挖取，尤其适合不熟练使用勺子的儿童。

- **背面弧形凸起**
  餐盘两侧背面弧形凸起，拿取更方便。

- **IP卡通插画&配色**
  IP卡通插画，一是增强趣味性，吸引小朋友。二是积累品牌资产。同时，黄白配色，清爽鲜活。

CUTLERY DESIGN V1.0
2020 | 老娘舅餐具设计讲究科学

儿童餐勺 4大讲究科学

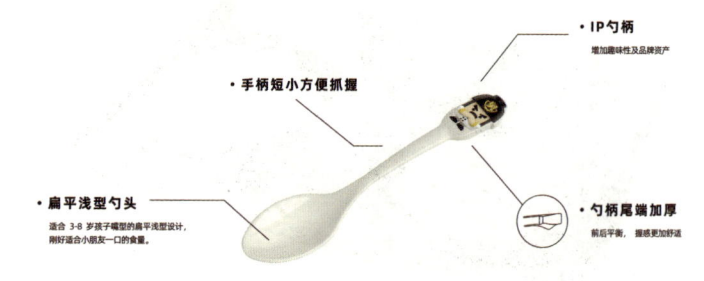

- **IP勺柄**
  增加趣味性及品牌资产

- **手柄短小方便抓握**

- **扁平浅型勺头**
  适合3-8岁孩子嘴型的扁平浅型设计，刚好适合小朋友一口的食量。

- **勺柄尾端加厚**
  前后平衡，握感更舒适

186

同时，我们还设计了配套的儿童餐勺。

在勺柄设计了IP形象，增加趣味性及积累品牌资产；同时勺柄尾端进行加厚处理，使得前后平衡，握感更加舒适；手柄设计短小、方便抓握；勺头设计成扁平浅形，更适合3~8岁孩子嘴形，大小也刚好适合小朋友一口的食量。

跟旧儿童套餐餐具进行对比，从功能性上来说，新一代儿童套餐餐具"四合一"，操作更便捷，同时也减少了生产成本及储存成本。

在整个设计过程中，工业设计师和项目组成员不仅到门店体验餐具所有接触点，亲手摸过餐具在店内使用的所有流程，收集了一线店员的使用反馈及各餐具的破损率等信息，还到供应商工厂走访，了解餐具生产的流程、技术、材质及成本。

6. 没有执行，一切等于0

为什么要做这一步呢？因为对这些有初步了解后，在一开始就要把"要能落地"这个因素考虑进去，一开始就扼杀掉不能落地的方案。

不仅如此，为了找到更好的餐具参考，除了购买理论性书籍及图册、在国内餐饮店和餐具市场大量找参考外，工业设计师和项目组一行还特地到日本的大阪千日前道具屋商店街、东京合羽桥道具街进行市场走访，买回来了很多不同形状、材质、工艺、功能的碗及各大餐具生产商产品手册。

"搜尽奇峰打草稿"，见过了好东西，才能做出好东西。

通过去到现场、看到现物、发现现实来盘点现状，根据在现场、现物、现实中发现的问题及需求设定原则，依据这个原则来解决问题。

同时大量找参考，借鉴成熟产品的成功之处，这就是华与华为老娘舅设计餐具时遵循的基本路径。

每一个餐具的细节设计都有要解决的实际问题，都从成本、效率和使用体验出发，将每一个环节分解琢磨明白，都经过仔细推敲、打

磨，并且在实际使用场景中经过检验，真正做到无一处不是"必有事焉"，这就是老娘舅餐具设计背后的基本逻辑。

没有执行，一切等于0。本次老娘舅餐具设计从提案到出街仅用了一个半月，目前已在老娘舅几十家新门店投入使用。

什么叫创意？就是创造性地解决问题，而通向创意最短的路就是华与华方法的套路。而通往华与华方法最短的路就是"始终服务于最终目的"的路，就是华与华人的这种钻研工法的精神。

华与华方法

华与华空间设计方法

为什么华与华这样一家以"超级符号""品牌谚语""持续改善"闻名的营销咨询公司会涉足空间设计呢?一方面,因为我们服务的很多企业都遇到了相同的问题,几乎所有有门店的企业,都存在提升空间营运效率和顾客体验的需求。尤其是竞争激烈、讲究坪效和翻台率的餐饮企业,但少有空间设计公司能真正从"做生意"的角度来进行空间设计。

另一方面,对华与华而言,门店作为企业最重要的自媒体和生产工具,要想帮企业实现门店效益的最大化,门店空间设计是绕不过去的一环。我们的每一个动作都是"必有事焉",遇到了什么问题,就想办法解决什么问题。其实我们之前也为很多客户做过空间设计,不过只是作为附加服务,随着空间设计的需求量越来越多,经验也越攒越多,我们成立了单独的业务部门——空间设计组,老娘舅是华与华空间设计组的第一个客户。

华与华为老娘舅门店做的空间设计主要分为三个部分,在本篇文章中我们简要介绍几个机关及原理。对于老娘舅门店的空间设计,我们主要围绕三个维度：

- 后厨：排除浪费，提高运营效率
- 前厅：降本增效，提升顾客体验
- 店外：刺激信号，提升发现感

首先，关于后厨设计，一般空间设计公司不敢碰后厨，因为"水太深"。没有在一线摸爬滚打过的根本不知道水深水浅，尤其对于老娘舅这样一家成立了20年、最快能做到十几秒出餐的中式快餐企业，在提案之前，他们根本没想到我们能把产区设计改善也做了，并且把整个后厨的操作模型在老娘舅总部1：1实地还原了，这可让老娘舅的小伙伴们震惊了一番。

华与华干餐饮企业后厨设计也是头一回，我们敢干这件事的底气和胆量，就在于我们是从现场、现物、现实出发和始终服务于最终目的的思维方式。我们三维设计团队和项目组同事跑遍了广深沪京所有知名快餐的餐厅，先学习总结别人的优秀经验，研究他们的空间布局设计；再去门店当了两天店员，从餐区到后厨，都轮岗了一遍，对每个岗位都有了基础了解；然后安装摄像头记录后厨所有工作人员的每一个动作和花费的时间。本着"只要有动作就有浪费"的认识和"一秒钟主义"的精神，能省一秒是一秒地去排除浪费，提高效率。

我们发现，生产一碗饭本质上和生产汽车是一样，我们要做的就是像生产汽车一样生产一碗饭，在需要的时刻，以需要的数量，将每个所需的原料不多不少地送到生产线旁边，**每个人的动作都是最优方案，每个环节之间无缝对接，没有返工和待工**，每个步骤"匀速、准时、高效"地运转，我们的最终目的就是排除作业中的浪费问题。只要有动作，就会有浪费。

做快餐的应该很多人都看过以麦当劳老板雷克劳克为原型的电影《大创业家》，其中的一个片段就是麦当劳兄弟改善后厨动线的事情。绝大多数人只是看到了他们这样做，而我们的团队就照着这种做法做到了！

丰田生产方式——七大浪费问题

1. **生产过剩**：生产过早、过多而产生库存——最大的浪费；
2. **库存**：原辅材料库存、在制品、半成品库存、成品库存；
3. **搬运**：耗费时间、人力，占用搬运设施，可能造成产品损坏；
4. **加工**：超过需要的工作、多余的流程或加工、精度过高的作业；
5. **动作**：不创造价值的动作、不合理的操作、效率不高的姿势和动作；
6. **等待**：人员的等待、设备的等待；
7. **不合格品**：返工、返修等产生设备与人员工时的损失、废品的损失等。

▲ 电影《大创业家》中麦当劳兄弟改善后厨动线的模拟场景

我们完整观察了一家门店后厨一天的时间，以秒为单位，记录了后厨高峰期主操作台每一个人的每一个动作并分解到最小单位：共有2502个动作，发现转身333次，弯腰128次，蹲下19次。我们还详细统计了后厨每一个设备之间的交互频次，甚至细到比如"在午市高峰期11点到12点，转身拿主菜碗13次，总用时79秒"，"一小时冰箱开关的次数是96次，每次开关冰箱的平均时间是2.5秒"。

记录了2502个动作+作业时间

转身333次、弯腰128次、蹲下19次

通过实际操作和动作观察分解，我们发现了七大类型浪费和17个可改善问题，主要分为：五大动作的浪费、一大库存的浪费、一大加工的浪费、四大设备排布的浪费、四大设备设计的浪费、两大空间利用率不足的浪费。针对每个浪费我们都给出了相应的改善方案。

在前厅功能设计中，一个快餐店餐桌的大小如何确定？桌面的宽度应该取决于用餐人的胳膊的大小，桌面的长度应该略大于两个餐盘对拼起来的长度。同时考虑到桌面长度还取决于板材的大小，一张1220 mm×2440 mm的板材，500 mm×680 mm的桌面尺寸，可以做6张桌子。如果是500 mm×600 mm就可以做8张桌子，得材率提升25%。最后我们得出，两人位餐桌的大小应该是500 mm×600 mm。

在同等面积情况下，如下面右图中的A类排布有12个座位入座时会干扰到别人，让人感到不舒服。

而B类排布不舒服座位为两个，并能充分利用过道空间用餐，减少拥挤感。

研究顾客入座动线，调整座位的排布方式，更方便顾客快速入座，同时不干扰他人用餐。

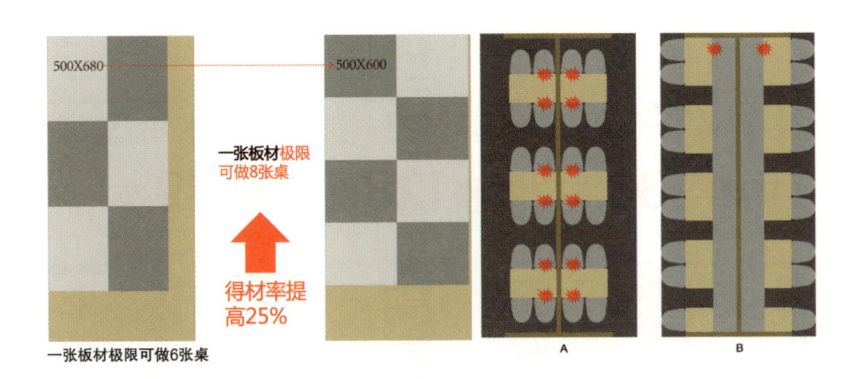

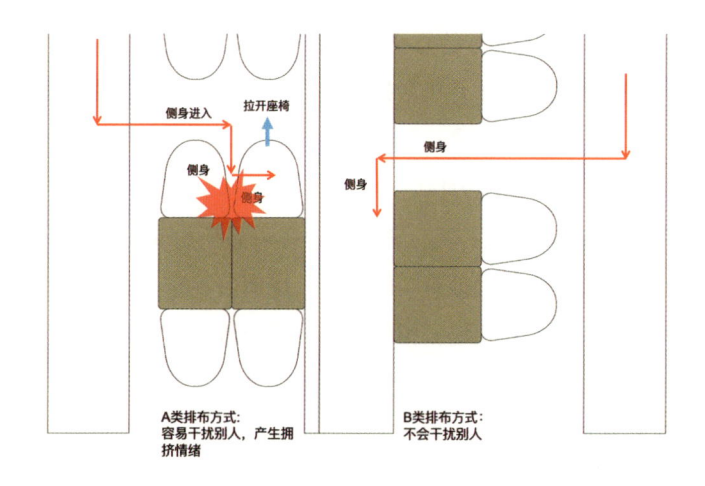

A类排布方式：容易干扰别人，产生拥挤情绪

B类排布方式：不会干扰别人

以一个150平方米的餐厅为例，通过优化厨房面积、辅助空间、座位大小及调整排布，厨房面积减少了10%，空间利用率提升了28%，座位数提升了30%，平均可以多出来10个餐位。这就叫"凡事彻底、机关算尽"！

华与华的设计师不仅是手艺人，更是生意人，是能通过手艺提升销量的生意人。

很多人说华与华就是实战、落地、接地气，为什么？看起来毫不费力，其实背后都是用尽了全力。从战略到创意到手艺，到工艺、材料，要整体、系统、彻底地思考，这就是"所有的事都是一件事"。华与华的创意根本不存在是否能落地，因为它本来就在地上。

今年流行的一句话叫"人民需要什么，五菱就制造什么"。我想说，老娘舅需要什么服务，华与华就提供什么服务！这就是所有的事都是一件事，华与华为老娘舅做所有事。

华与华的经营理念叫"悦近来远，终身服务"。其实品牌顶层设计，只是我们的起手式。以上为大家呈现的第二年里项目组为老娘舅做的"营销日历创意""餐具的工业设计创意""门店的空间设计"，就有了终身服务的意义。只有提供终身价值才有机会终身服务，只有持续进化，才有机会提供终身价值。华与华的发展史，就是一部华与华方法的进化史；华与华的核心竞争力，就是源源不断地开创新的华与华方法的能力！

所有的事都是一件事，华与华为客户做所有事，无论大事、小事。大事是大战略，大创意。临大事，决大疑，定大计。小事是三现主义，凡事彻底，到现场，摸排现场，洞察现实。找对问题，制定对策，把平凡的小事做彻底，做到不平凡。

华与华方法，是工作方法，是企业文化，也是人生哲学。

MLILY 梦百合®

梦百合® 0压床垫

华与华超级符号案例
点评语

华 杉
华与华营销咨询有限公司创始人

我们公司有时迎来一些做外贸的客户。我们最怕这样的客户，为什么呢？人说隔行如隔山，做外贸加工到回国建自有品牌，那是隔三座山。

华与华服务客户的质量标准是别让客户恨我们，因为我们所有价值观都是讲底线，华与华的价值观就是三个字：不骗人。后来一想不骗人也做不到的，再缩小的范围就是不骗客户。

其实梦百合董事长倪张根先生也说第一年有一点犹疑，为什么呢？因为本来从国外回来是一张白纸，那很难的，非常难。我们能够跟这个梦百合合作有今天这样一个成绩，关键原因还是在于倪总的坚持，倪总确实是扎扎实实的三年有成。第一年虽有犹疑，但没有离开，我们整个事情还有一个定力，倪总一直投资做0压。但我们刚一开始接手要做呢，喜临门就开始在央视打广告，号称"零压专家"，那个时候确实大家都有动摇，我是一点儿都没有动摇。因为我太了解这些人了，我除了自己之外还没有见过谁能够把一句话一直坚持说下去的，这本身也是倪总的本质，从0压床垫开创者到百合仙子，到这个0的符号，再到"压力小，睡得好"，三年后我们把这个品牌做得应该非常完整了。

梦百合0压床垫

外贸代工企业如何从0到1建立自主大品牌

许多国际大品牌背后不乏中国代工厂,而撕掉代工标签,打造自主品牌可以说是这类代工企业的"夙愿",床垫制造行业的梦百合就是其中一个。

梦百合的业务面向全世界,其中80%以上的业务在海外,被称为"记忆棉床垫出口美国的大户",2019年美国商务部甚至裁定对梦百合征收反倾销税。从国外到国内,两个市场完全不一样,而外贸代工跟自主品牌也完全是两个概念,这条路对于梦百合来说并不容易。

2018年3月,梦百合找到华与华作为战略营销品牌整体顾问。合作至今三年时间,是自主品牌打基础的三年,也是梦百合在国内高速增长的三年。2018年、2019年同比增长超100%,2020年上半年在家居行业普遍不景气的情况下逆势增长超过30%。

梦百合董事长倪张根先生也对和华与华合作的三年做出了评价:"跟华与华合作有安全感,在这种安全感之下可以慢慢打磨自己的品牌资产,有些东西不能急!"

第一章

企业寻宝、战略定心，
坚持0压品牌战略不动摇

在梦百合与华与华合作的三年内，这个国际床垫大牌背后的中国代工企业实现从幕后到台前，从0到1建品牌、建渠道，直接对话消费端，真正让自主品牌建设之路的每一步都没走弯！

1. 坚持0压品牌战略不动摇

一个企业能走到今天，总是因为它做对了一些事。再往下走遇到困难，很多时候是因为过往做对的事没有一以贯之，持续坚持。

所以"企业寻宝"是华与华服务每个新客户的第一步，在客户过去的企业历史中寻宝，一定要把客户过去有价值的东西找出来，擦亮了，发扬放大，而不是一上来就全部改一遍。

"企业寻宝"中，华与华发现梦百合过往的品牌营销动作中有很多具有核心价值的资源禀赋：

- 拥有多国专利技术认证——非温感记忆绵
- 联合华住、锦江等各大酒店集团推出的20多万间"零压房"（截至2020年12月，数量达到60多万间）
- 曼联官方全球床垫与枕类产品合作伙伴
- 亚洲最大的记忆绵生产基地
- ……

尤其是在传统记忆绵基础上，创新升级并获得多国专利的非温感记忆绵技术，给它的床垫带来了独一无二的特性：慢回弹均衡承托、全面贴合（梦百合床垫与人体的贴合度平均88.73%、最高可达97.8%）、接近于0的压力分散效果。

但在营销推广端，梦百合一度在"深度睡眠"和"零压"之间摇摆不定，使用过多个不同的广告语，每一句都缺少长期坚持，没有形成有效的品牌资产积累：

- 给你婴儿般的深度睡眠
- 畅销美国　零压生活/畅销美国　健康床垫
- 零压　重新定义睡眠
- The Legend of Comfort

而在这一时期，零压概念开始在床垫行业兴起。

行业内的代表品牌喜临门就曾上央视打广告，说"开启零压力生活"，要抢这个"零压"的概念，当时团队很紧张，认为他们那么大的广告量，梦百合一时也投不了那么多，都想避其锋芒，但是华杉非常坚决，说不用理，我们就是0压！

▲ 拥有"慢回弹"特性的非温感0压棉

▲ 梦百合过往的品牌标志和不同时期的广告语

▲ 2017年4月，梦百合董事长倪张根做客CCTV《超越》栏目畅谈"零压"理念

华杉经常说："有时候不是一个创意问题，而是观念上的问题。"在梦百合这里，是价值观的问题，"0压"对于梦百合而言不是营销卖点、广告概念，而是事业理论，是产品科学，就像"保鲜"是洽洽的理念一样，并不是说挣钱就好，不挣钱就不好。

"USP 独特的销售主张"理论，"主张"是什么，是我就是这么认为，这是我的主张，我怎么能随便更改我的主张呢？但是如果我发现我的主张错了，有更好的做法，那我接受。所以很多时候不是一个专业问题，而是一个做人做事的基本道理的问题。

仔细深挖，我们又发现梦百合才是国内众多床垫品牌中少有的最早提出"零压"概念的床垫制造商，可以说是当之无愧的"零压床垫"概念的开创者，并且围绕这一概念做了不少的营销动作：

- 2015年3月，"零压生活，享梦中国"2015 Mlily梦百合（中国）品牌发布盛典
- 2015年9月，作为畅销美国的中国家居品牌，梦百合董事长倪张根携零压家居产品亮相硅谷高创会
- 2015年11月，Mlily梦百合携手著名女性时尚杂志ELLE在京举办都市女性零压睡眠发布
- 2017年3月，居然之家·索菲亚＆Mlily梦百合在北京举行2017"零压战盟"发布会
- 2017年5月，梦百合零压版品牌TVC登陆央视平台，倡导国人拥抱压力，尽情享受零压睡眠
- 2017年6月，倪张根董事长做客CCTV《超越》栏目，发布《零压，让睡眠无压力》专题节目
- ……

基于这些资源禀赋，我们选择坚定延续"零压"作为品牌战略方向。而这背后的原因，也可以用华与华方法中品牌资产原理和品牌成本原理来解读。

品牌资产原理：品牌资产观就是给企业带来效益的消费者品牌认知。做任何一件事，一切以是否形成资产、保护资产、增值资产为标准。能形成资产的事情就去做，不能形成资产的就不要做，这样就能排除废动作。

品牌成本原理：品牌存在的意义在于降低三个成本。

第一是降低社会监督成本；

第二是降低顾客选择成本；

第三是降低企业的营销传播成本。

首先，基于品牌资产观，梦百合之前在"零压"已经做了不少投资。花时间越多的东西，壁垒越高，梦百合应该继续投资"零压"实现品牌资产的积累。

数字的魔力

零压床垫 → 0压床垫

- 人们对数字更为敏感
- 大写数字是中国汉字,仅在中国通用,小写数字是阿拉伯文字,全世界通用
- 从小我们最先学会的也是小写的数字0

▲ 数字的魔力——零压床垫 → 0压床垫

而且"零压"与"深度睡眠"相比较，一个是更加通俗更可感知的词语，"深度睡眠"是结果性词语，是某一种睡眠类型的学术用语，不利于传播。

借用数字的魔力，最终华与华梦百合项目团队将"零压"改为了消费者更容易理解、更容易识别的数字"0压"。原因如下：

（1）人们对数字更敏感。

（2）大写数字是中国汉字，仅在中国通用，小写数字是阿拉伯文字，全世界通用。

（3）我们从小最先学会的也是数字0。

2. 建立0压新品类，赢得0压床垫解释权

确定了0压战略以后，用"0压"的技术壁垒建立新品类，区别于市场上的乳胶床垫和弹簧床垫，发挥品类价值，赢得0压床垫的解释权。

从命名开始，延续梦百合产品特色，正式使用梦百合0压床垫，确立"梦百合0压床垫开创者"的品牌身份，用"开创者"绕开心理防线，降低经销传播成本，在消费者心中留下第一印象。

现在事实也证明，"0压战略"是正确无疑的。"0压"推出后，众多品牌竞相模仿，竞争对手也好、行业友商也好，用各种近义词、同义词，甚至原封不动地将"0压"照搬用于产品描述、宣传推广中。

但这些并不会影响梦百合品牌的建立，因为除了法规上的商标注册，梦百合的产品特色和优势是谁都模仿不来的，最后你会发现其他品牌花了多少钱也抢不下来。

MLILY梦百合®
0压床垫开创者

▲ MLILY梦百合——0压床垫开创者

▲ 晒足180天　厨邦酱油美味鲜

▲ 海天酱油　不仅晒足180天

比如我们为厨邦酱油策划"晒足180天，厨邦酱油美味鲜"，海天马上就跟着来一句"不仅晒足180天"，我们为洽洽策划"掌握关键保鲜技术"，所有坚果都用"掌握保鲜技术"了。

但是只有自己才知道自己是谁，在很多情况下，咨询也都是判断，都是决策，而不只是那个方案本身。

第二章

超级符号、品牌谚语构建
梦百合核心品牌资产

品牌的本质是降低三个成本（社会监督成本、顾客选择成本、企业营销传播成本）并且建构品牌资产；而品牌资产是能为我们带来效益的消费者品牌认知，其最终目的是：要让消费者买我产品，传我美名！这里就需要提供能够供消费者识别、记忆、谈说的词语、符号、话语或故事。

▲ 华与华品牌战略三角两翼模型

确定0压战略和"梦百合0压床垫开创者"的品牌定义后，华与华项目团队通过运用品牌战略三角两翼模型为梦百合构建品牌的核心资产。

1. 放大品牌与生俱来的戏剧性，历时3年持续改善，产品话语大创意止于至善

品牌谚语的创意首先要看梦百合产品与其他同类产品的差异化价值具体在哪里，要找到属于梦百合最独特的购买理由是什么。

毫无疑问，非温感0压棉专利技术所带来的创新价值，是梦百合最大的价值。

梦百合产品科学：梦百合0压床垫是由获得多国专利的0压棉技术制成，独特的慢回弹均匀承托特性，能够填补颈部、腰部、腿弯处的空隙点，使床垫与人体贴合度高达97.8%，身体重力均匀分散，人体受到的反作用力大大减小，从而减少频繁翻身的情况，有效提高睡眠质量。

大连维特奥国际医院为梦百合所做的临床试验表明：相比传统床垫，使用梦百合0压床垫，可以帮助你入睡更快，睡得更好——平均初入睡时间减少49%，深度睡眠时间平均增加13%，最高增加23.3%。

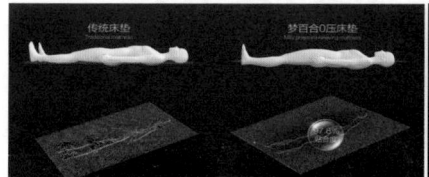

▲ 梦百合0压床垫与人体的贴合度平均88.73%，最高可达97.8%

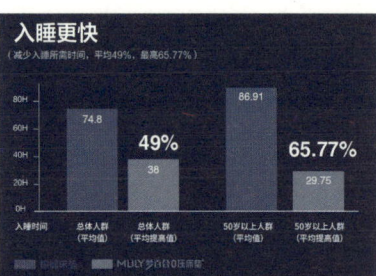

▲ 大连维特奥国际医院临床试验数据——使用梦百合0压床垫，可以睡得更快，睡得更好

▲ 平躺腰部不悬空，趴着呼吸不闷胸，左右侧睡不压肩

▲ 品牌谚语——压力小，睡得好，梦百合0压床垫

"0压"是梦百合床垫产品的核心价值。

从客观层面、物理特性上,"0压"是梦百合区别于其他材质床垫的最大特点。简言之,就是睡在梦百合的床垫上,因为接近100%的贴合度,身体受到的压力趋近于0,用一组切身体会的词语来描述就是:平躺腰部有支撑,趴着呼吸不闷胸,左右侧睡不压肩。

而从主观层面上,工作、生活压力大,是导致现代人睡眠问题的主因。

"压力"是生活中不断发生、循环往复存在的情景。放大这个戏剧,将其植入梦百合0压床垫的话语体系中,最终设计出梦百合的品牌谚语——压力小,睡得好!

这一语双关的品牌谚语,既是提醒人们,缓解压力、释放压力,能够获得好的睡眠,也是再次强调梦百合0压床垫,减缓压力提高睡眠质量的产品特性。

梦百合品牌谚语的产生背后还有故事,"压力小,睡得好"是在华与华服务梦百合的第三年才得出的创意,而这中间有赖于客户的信任支持。

2. 嫁接童话原型,创造专属梦百合的超级符号

在找到华与华之前,梦百合对外推广的品牌形象一直以曼联球员为主,实际上是一种代言人策略。但是,曼联只能作为阶段性的引流使用,不会成为梦百合的品牌资产。

设计就是看图说话,只有这样成本才最低。

对梦百合来说,标准就是所见即所得,一看就是梦百合。

无论是英文"MLILY"(由DREAM LILY简化而来)还是中文的

"梦百合"（由好梦百合简化而来），都有一个与生俱来的戏剧性嵌入其中——LILY百合花，再加上与睡眠相关的联想元素之后，梦百合的品牌超级符号就自然向我们走来了。

百合花，国内外人人都熟悉的一种花。

花仙子，一个古今中外反复被演绎、传颂的神话人物形象，有古代中国神话传说中的百花仙子，有近代美国迪士尼电影中的精灵花仙子，英国安徒生童话里的《花仙子》，日本卡通漫画中的花仙子……各种花仙子，由来已久。

睡美人，一个东西方人从小就知道的童话故事主角。

▲ 百合花 + 花仙子 + 睡美人 + 床垫 = 梦百合的超级符号

3. 占据蓝色，唤醒文化元力，注入品牌活力

　　心理学家告诉我们，蓝色的流行缘于人类的进化过程，在人类还以狩猎跟采集的方式生活时，接近清澈的蓝天和水源让人更有可能活下来，经过漫长的时间，这种被蓝色吸引的倾向可能演变成了人类先天的偏好。加上在家居卖场里，使用蓝色的品牌相对较少，所以华与华最终建议占据蓝色，成为梦百合的品牌标准色。

　　话语体系有了，超级符号有了，至此品牌的核心资产要素就建立起来了。而接下来的课题就是如何将话语体系和符号体系播下来，传出去。

　　华与华项目团队在门店走访中发现，消费者对床垫科学并没有深入了解，对床垫的选择更倾向于认品牌，消费者的购买决策很大程度上取决于店员的推荐。在如此现状下，利用现有资源持续积累品牌资产，扩大品牌认知成为梦百合项目的关键课题。

▲ 压力小、睡得好，梦百合0压床垫

第三章

用货架思维打造360°卖货门店

相比欧美，中国床垫行业集中度低，床垫企业间的竞争很大程度上取决于渠道建设能力，拥有高效、优质的销售渠道的床垫企业在未来的竞争中将获得先机。

梦百合零售渠道的两大流量来源是门店和电商。

但门店人流量少得可怜，2018年3月，我们在走访中发现上海家居卖场一周7天进店人流量仅20人左右，抓住有限的流量就成了最终目标。

货架思维：货架是指所有产品信息出现的地方，我们要在信息环境中击败竞争对手，让我们的产品在货架上获得跟消费者进行快速有效沟通的优势。

对照梦百合家居卖场门店，卖场的通道就是货架，店招就是产品包装，所以梦百合的第一媒体就是门店。

1."机关算尽",用超级符号打造超级门面

根据消费者的阅读习惯,要想获得货架陈列优势,门面是吸引人注意的首要道具,而现实是梦百合门店只有两处LOGO露出,且整体以黑色为主,在整个通道里很难吸引目光。

为发挥门面吸引力,华与华项目团队首先对门头进行改善:

(1)增加门店百合仙子橱窗,让超级符号在门口当我们的迎宾。

▲ 梦百合现行门店形象

（2）增加门口两侧斜立面招牌，让来来往往走过的人远远就能看到，看到的同时还能被理解，我们是"梦百合0压床垫开创者、曼联官方合作伙伴"。

（3）门店就是广告位，外墙一定贴上信息，通过不同入口的信息重复，让每个顾客进入我的领地，都能接收到梦百合的信息。

2. 改善后，月均销售额提高338%，同比增长67.8%

2019年9月，华与华进行第二次终端门店改善大作战，改善后日均注意率提升208.8%，日均进店率提升104.8%，两次改善最终形成店内店外共18件标准物料。完成门店作为货架承担四大任务：

吸引受众注意	激发好奇
创造产品体验	引导决策
提供购买理由	鼓动尝试
降低选择成本	尝试体验

2018年4月第一次改善7项标准物料

① 床旗　② 三面转灯箱　③ 床尾立牌　④ 店外地贴
⑤ 吊旗　⑥ 店内床头背景墙　⑦ 球员立牌

2018年门店改善后月均销售额 **提高338%**，同比增长67.8%

上海梦百合真北路店2018年销售数据（元）

1月	14294
2月	4360
3月	3799
4月	3175
5月	20215
6月	32890
7月	4000
8月	50996
9月	53273
10月	44713
11月	57948

门店改善完毕

上海真北路门店2017-2018销售数据同比对比（10月/11月份）

	2017	2018
10月	21437	44713
11月	39736	57948

2019年持续改善2.0，提高进店率 11 大件

① 三棱柱
② 活动地贴
③ 店门口/店内吊旗
④ 条幅
⑤ 三面转灯箱
⑥ 活动海报
⑦ 曼联球员立牌
⑧ 材质按压装置
⑨ 小件产品堆头
⑩ 试坐体验椅子
⑪ 品牌旋律
- Good night
- Good night
- Mlily 梦百合
- 快快睡吧
- 快快睡吧
- 进入甜蜜的梦乡
- 晚安啊
- 快睡吧
- Mlily 梦百合
- Mlily 梦百合
- 伴你一夜好眠

日均注意率提升 208.8%

改善前	改善后
17.9%	55.2%

日均进店率提升 104.8%

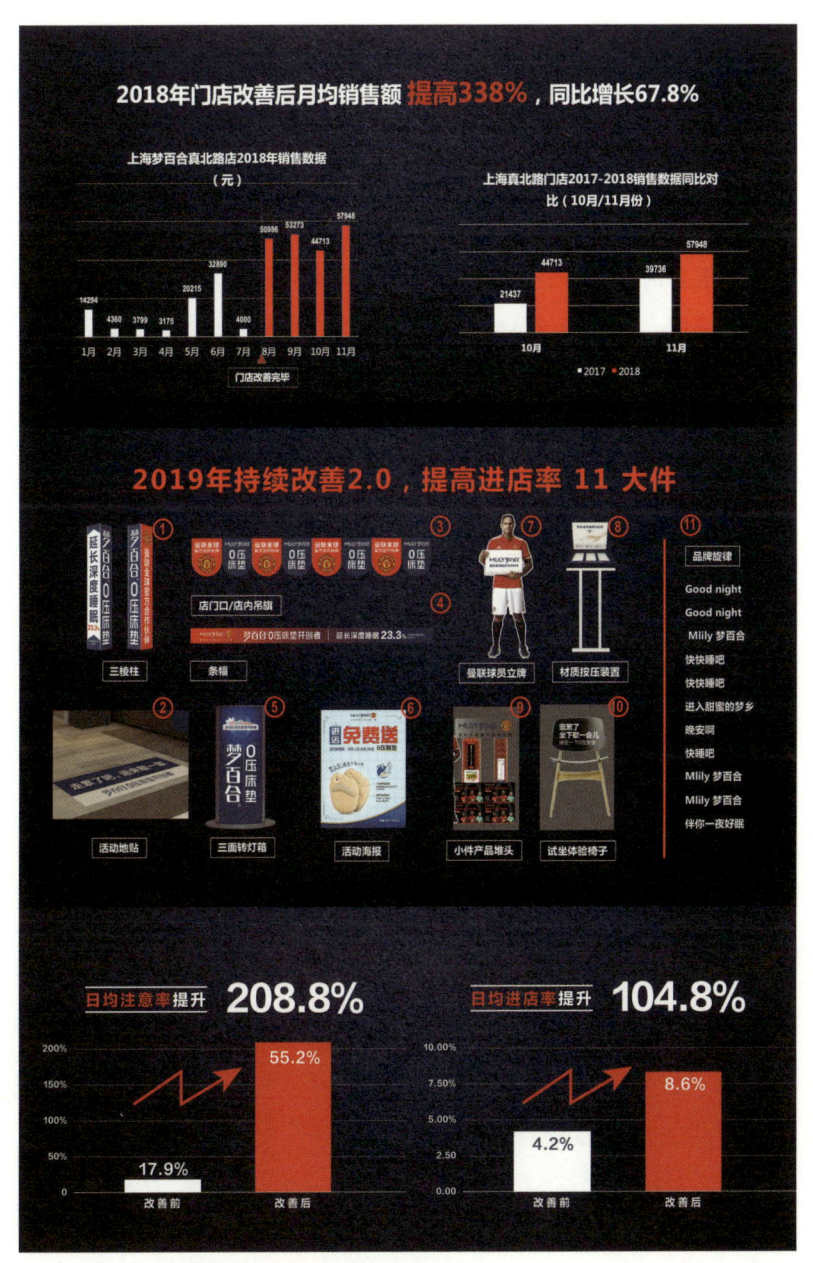

改善前	改善后
4.2%	8.6%

▲ 2018、2019年两次门店持续改善

（1）创造产品体验，引导购买决策

让消费者像我们希望的那样去体验、去思考、去选择。

床旗：梦百合的产品力决定了试躺必将带来更多的店内转化，而现实是很多顾客会用手按，用膝盖跪，只有导购极力推荐的情况下才会躺下试试，所以将"试躺5分钟"的邀请和正确的体验方式印在床旗上，打消顾客疑虑，引发主动试躺。

（2）提供购买理由，鼓动尝试

床尾立牌：便于顾客自己浏览，另一方面也成为导购人员给顾客介绍的道具。

两次持续改善标准物料，两年内落地400+门店，形成梦百合门店固定品牌资产。

第四章

不要打折促销,要品牌营销

建材家居行业,常见营销方式叫"落地活动",什么是落地活动,就是找一个由头打折优惠,你不打折不优惠顾客就不落地。对于床垫行业来说更是如此,几乎月月有落地,落地必促销。

华与华方法中有两个词:一个是投资,一个是资产,就是我所有的投资要在服务于当下那个目的的同时在长期也能建立起资产储蓄。

从投资的角度,我们说一个创意,如果没大毛病,就执行100年,每年都做,让它成为品牌资产。2020年,华与华上手再开发梦百合大部分落地活动,将落地活动从打折促销变为品牌营销。

3月——3.21全民试睡节
5月——5.1 "0压劳动节"
6月——6.18老倪推荐日
8、9月——梦百合开学礼
10月——全民足球射门赛

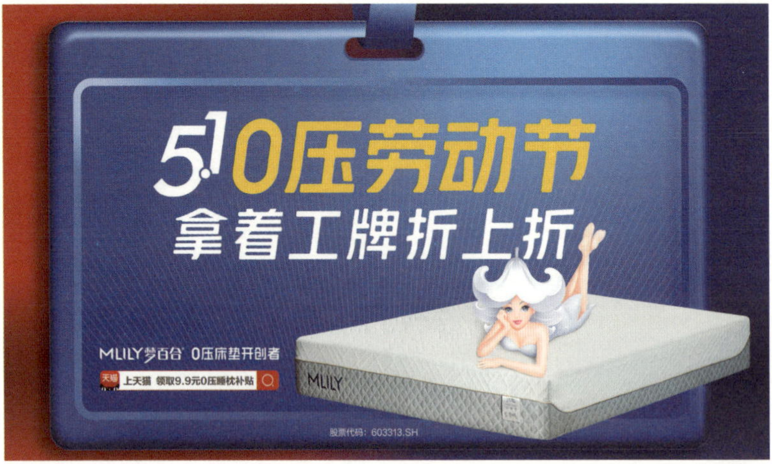
5·1 0压劳动节
拿着工牌折上折
MLILY梦百合 0压床垫开创者
天猫 上天猫 领取9.9元0压睡枕补贴
MLILY
股票代码：603313.SH

全国各城市启动会
MLILY梦百合
0压床垫开创者

全国门店 齐心协力
21天全员无休奋战，233家门店集体联动
活动场次同比增长20%
梦百合0压床垫开创者

携手10大合作伙伴 助力5·1 0压劳动节
Haier
MLILY梦百合
0压床垫开创者

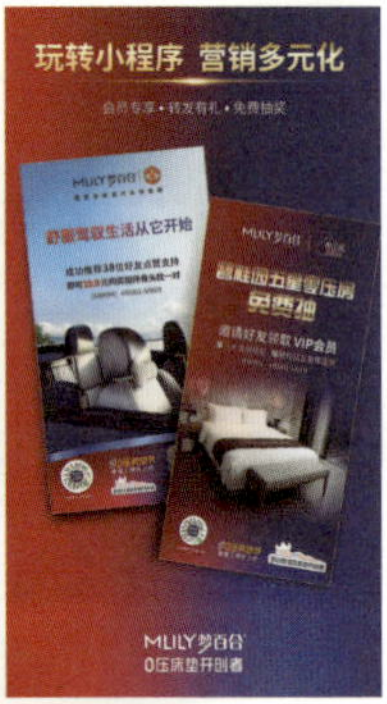
玩转小程序 营销多元化
MLILY梦百合
0压床垫开创者

霸屏传播 热度不减
MLILY梦百合
0压床垫开创者

携手10大合作伙伴 助力5·1 0压劳动节
Haier
MLILY梦百合
0压床垫开创者

全渠道直播 玩出新花样
花式秀·强势撩·流量爆炸
赢在创新 胜在执行
MLILY梦百合
0压床垫开创者

以5月份的五一"0压劳动节"为例,考虑到活动在五一这个节点进行,五一是国际劳动节,在国内劳动节会给劳动者放假放松,结合梦百合0压的品牌基因,命名为"0压劳动节"。为了给劳动者节日的仪式感,再加1个购买理由"拿上工牌折上折",整个活动就好玩了。这样一番操作,成效是,原定目标3000万,实际完成4097万,并且提前10天完成销售计划。

第五章

基于社会问题,明确企业的经营使命与经营逻辑

华杉说:好公司要以天下为己任。

那什么样的公司是好公司呢?

日本伊那食品社长塚越宽说:"谁都认为它是好公司,才是好公司。"这里的"谁",讲的是四个角色,也是好公司的四个标准:

1. 员工认为它是好公司;
2. 顾客认为它是好公司;
3. 供应商认为它是好公司;
4. 社会认为它是好公司。

一个好公司,必须能解决某个社会问题。这一社会问题,也可以从以下四个痛点的角度来理解。在业界,人们称梦百合董事长倪张根为"软床布道者",雪球上有人评论他"性如烈火",这应该跟他的"心中之痛"有一定的关系。

放眼行业（行业痛点）：

今天你进入大多数的床垫企业门店，被问到最多的是："你喜欢软一些的，还是硬一些的？"很少有人考虑到顾客的身体实际需要，大部分情况下导购都在迎合甚至蒙蔽消费者，推荐看似舒适实则有可能危害身体的产品。

面对顾客（消费者&社会痛点）：

全球有27%的人存在睡眠质量问题，中国有近4亿的人群有睡眠障碍，但大家普遍缺少正确的睡眠和床垫选择知识，习惯睡硬床。

面对自己（企业家自己的痛点）：

倪总说："我希望改变中国人睡硬床的错误观念，因为我们都需要身心放松，在压力日渐增大的当今社会，国人的确需要一个舒适、深度、健康的睡眠。

"我就是要扭转国人睡硬床的习惯，中国人这样一个人口大国，腰椎间盘突出的比例是最高的，就是睡硬床睡出来的。床垫太软或太硬都不太合适，所以我们先要把睡眠理念向民众普及，更要向大家建议使用能减震释压的梦百合0压床垫。"

企业的本质是为社会解决问题，企业战略不是企业的战略，而是企业为解决某一社会问题，而为社会制定的战略。面对顾客、行业、社会的痛点，选择承担解决睡眠这个社会问题的责任，这是梦百合的使命：

- 改变中国人睡硬床的不良习惯
- 推广科学的睡眠和床垫知识
- 提升人类的深度睡眠

梦百合的经营使命：提升人类深度睡眠！

借此，分享一个源自梦百合董事长倪张根先生，但是可能无法严谨证实的数据：如果全中国的人都能用上梦百合的床垫，这个社会就可能节省1.5亿的劳动力，因为压力小、睡得好，梦百合可以带来平均13%、最高23.3%的深度睡眠时间提升，带来的是更高的睡眠质量、更好的精神状态、更高的工作效率。

华与华让梦百合在从出口代工进入内循环、从0到1建立自主大品牌的道路上真正少走弯路！这也是华与华的经营理念：让企业少走弯路。

使命

致力于提升人类的深度睡眠

愿景

让梦百合成为受人尊敬的世界品牌

▲ 梦百合的经营使命——致力于提升人类的深度睡眠

华与华方法

华与华品牌战略三角两翼方法

什么是品牌

华与华认为品牌就是产品的牌子,是一个名字和符号,它代表了一些产品,这些产品要卖给顾客,要为顾客解决问题,创造价值,这就是品牌。我们的品牌要让顾客看到、知道、记得,那么我们的品牌就要方便传播,要具备差异性。

做品牌的最终目的是什么

华杉一直强调,始终服务于最终目的,随时回到原点思考。

对于品牌来说,其实就是让消费者买我产品,传我美名!这里就需要提供能够供消费者识别、记忆、谈说的词语、符号、话语或故事。

华与华怎么帮客户做品牌

就是用超级符号、品牌谚语去做。我们说华与华有两大核心技术,一个是词语的技术,一个是符号的技术,其实这两大核心技术就是品牌的技术。

华与华还有一个品牌战略三角两翼模型可以直观地表明品牌的意义。

产品结构是物理的，话语体系是文本的，符号系统是符号的，这三条边，组成一个三角形，就是华与华方法的"品牌三角形"。

产品结构

这个牌子下面有哪些产品，这就是品牌的产品结构。

话语体系

话语体系就是产品及产品结构的逻辑，是一套事业理论、价值标准、选择逻辑、购买理由、命名规则、词语和定义，是品牌的文本系统。

符号系统

一个伟大的品牌就是一个伟大的符号系统。视觉、听觉、嗅觉、味觉、触觉五大感觉都可以构建品牌的符号系统。

话语体系是文本信号，符号系统是感官刺激信号。

话语体系中提炼出一句口号，称为品牌谚语。

符号体系中有一个核心，称为超级符号。

超级符号和品牌谚语构成让品牌起飞的两翼，加起来就是华与华方法的"品牌战略三角两翼模型"。

首先，在确定0压战略之后，梦百合从命名开始，延续梦百合产品特色，正式使用梦百合0压床垫，建立新品类，区别于市场上的乳胶床垫和弹簧床垫，发挥品类价值，赢得0压床垫的解释权，形成梦百合的专有产品——梦百合0压床垫。

其次,在0压战略的基础上,创造性地推出梦百合品牌谚语。

梦百合品牌谚语的创意来源于梦百合产品区别于其他产品的差异化价值(购买理由)——0压棉专利技术带来的创新价值。

0压概念是梦百合的核心价值,也是梦百合区别于其他材质和品牌的最大差异点,更是走访中目前一线销售反馈吸引消费者进店的强势信息。客观上通过0压床垫确实能够分散睡眠中身体压力达到缩短入睡时间,提高深度睡眠时间的效果。

主观上,压力大同样也是导致现代人睡眠问题的主因。

压力大是生活中不断发生、循环往复的戏剧,我们放大这个戏剧,将0压床垫植入其中,创造出"压力小,睡得好"的品牌谚语。每当人们压力大睡不着的时候,自然而然脑中就会出现梦百合0压床垫。

符号的意义在于降低品牌的成本,而且能描述的符号容易记忆。

在找到华与华之前,梦百合除了MLILY梦百合之外没有统一的品牌识别。所以梦百合需要一个具有标示功能,能够降低品牌识别、记忆和传播成本的超级符号。

设计就是看图说话,嫁接童话原型花仙子,融入0压战略的0和梦百合的产品床垫,创造出专属于梦百合的品牌超级符号"躺在床垫上的百合仙子"。

当消费者路过梦百合门店时,即使叫不出梦百合名字也能轻易地描述出"有个百合仙子躺在那里的门店",而且所有人都能清楚明白,一下子把沟通成本也就降到了最低。

运用品牌战略三角两翼模型,华与华成功为梦百合创造性地推出品牌谚语、超级符号,为梦百合构建品牌大厦打下坚实基础。

鲜丰水果®

华与华超级符号案例点评语

华　杉
华与华营销咨询有限公司创始人

　　鲜丰水果的超级符号，是用两个最普通的符号组成一个最不普通的超级符号！它具有唯一性、权威性和排他性；它超越一切语言；它将大幅度降低传播的成本，高效积累品牌资产。

　　每一个行业都有一个唯一的符号，华与华帮鲜丰水果拿到了水果行业那颗明珠。如果让我说华与华史上最好的符号，我立即就能想到它！它不仅形象强，能把所有人的情绪都调动起来，还能够刺激味蕾，让人看了流口水！

鲜丰水果
不要品牌识别系统，要刺激信号系统

今天，在中国可能成规模的企业都有一套VI（品牌识别系统），但是，在华与华VI是禁用词。华与华强调不要VI思维，VI（Visual Identity）的"I"是"识别"，VI思维是无的放矢，基于视觉传达的标志搬家。华与华要符号思维，三现主义始终服务于最终目的，通过符号发出信号，形成顾客的行为反射。

华与华方法的底层逻辑是信号反射，我们关注的是行为而不是意识。我们就是要消费者掏钱买单的行为反射，所以，只针对这个行为做研究。

门店就是一个信号系统，不断释放信号，影响顾客行为。所以，华与华不是为鲜丰打造一套品牌识别系统，而是为鲜丰水果门店打造一套刺激信号系统。在鲜丰水果门店信号系统上"机关算尽"，每一个信号都带来顾客行为反射，每一个信号都带来门店业绩的增长。

除此之外，每一个行业都有一个唯一的符号，华与华也帮鲜丰水果拿到了水果行业那颗明珠。通过"苹果"和"emoji表情"这两个最普通的符号，组成一个最不普通的超级符号。它具有唯一性、权威性和排他性；它超越一切语言；它不仅形象强，能把所有人的情绪都调动起来，而且能够刺激味蕾，让人看了流口水，如果让我说华与华史上最好的符号，我立即就能想到它。

第一章

一个超级符号让顾客停下来

　　鲜丰水果是在全国拥有2000家门店的连锁水果品牌。对于连锁零售门店而言,门店就是营销的主战场。每一家鲜丰水果门店,本质上都是一套信号系统,理解刺激信号实现行为反射的原理,就掌握了连锁门店业绩增长的秘籍!

　　鲜丰水果项目团队围绕门头、门面、店内陈列,升级了门店的信号系统。在每一个环节设置不同信号,让顾客像我们希望的那样,关注、走进、拿起、购买,最终带来鲜丰水果门店业绩的增长,全新升级的门店开到哪里都能秒杀一条街!

　　接下来将为大家解析华与华是如何在鲜丰水果门店信号系统上"机关算尽"的,三大要点打造鲜丰水果门店信号系统:

　　一个超级符号让顾客停下来
　　一句品牌谚语让顾客走进来
　　一套陈列规划让顾客买起来

1. 通过释放最强信号，实现最多购买转化

华与华货架思维提出，一切创意要货架导向，产品出现的一切场合都可被视为货架。

对于鲜丰水果的门店而言，街道就是货架，门面就是包装！鲜丰水果不是在和其他水果店争取消费者，而是在和街道上所有释放信息的门店争夺消费者的注意。

被多少经过的人注意，这是门店的生死点。门面就是一个巨大的流量漏斗，只有通过门面释放一个足够强的信号，才能够被更多人发现、被更多人关注，最终促成更多的购买转化。

如何释放街上最强的信号？做任何一件事都要去找到其最深层的作用机理，书中反复提到：一切的传播都是符号的编码和解码。正如现在你正在阅读的这本书，我们用汉字这个符号进行编码，然后传送给读者，读者收到编码进行解码，进入读者的大脑，收到作者想要传达的信息。然而，编码和解码出现的一个主要矛盾就是信息损耗！

信息发出者往往准备了1，传出去的就只有0.1，甚至0.01，很难实现把所有预期传达的信息100%传达。

但是，我们发现，解码的顾客本身就充满信息，每一个人的潜意识、文化经验都是信息。当有了这个认识，我们追求的就不再是无损耗地传达足够丰富和完整的信息，而是追求用一个足够简单、最普通的、人人都认识的符号引爆顾客本身的集体潜意识和集体性经验。

送出去的只是一个抓手，把顾客大脑里面本来就有的东西（集体潜意识）给抓取出来。超级符号就是引爆和卷入人类大脑深处的集体潜意识，让传播出去的东西，最后激发出更多的东西，得到"100"，这就是超级符号的方法。

▲ 鲜丰水果门店（旧）

门店是流量漏斗

被发现、被记住、被理解、被打动

经过人数/总流量

注意人数/注意率

进店人数/进店率

购买人数
购买率

▲ 华与华流量漏斗

所有的传播思考，都是基于「损耗」

1 ⟶ 0.01　　1 ⟶ 100

▲ 所有的传播思考都基于损耗

运用人类的集体潜意识

比意识强大万倍的是潜意识
比潜意识强大万万倍的是集体潜意识

"集体潜意识"是人格结构最底层的无意识，包括祖先在内的世世代代的活动方式和经验库存在人脑中的遗传痕迹。反映了人类在以往的历史演化进程中的集体经验。

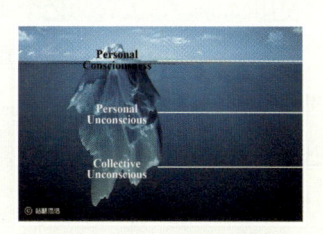

▲ 集体潜意识

2. 两个最普通的符号，组合成鲜丰水果的超级符号

超级符号方法决定，超级符号不是创造，而是选择，当你找到一个出现在全世界的符号，就能通过这个符号走向全世界。

很幸运华与华为鲜丰找到了这一超级符号。通过两个普通的符号，组合成鲜丰水果的超级符号，成为一个60亿人都认识的、都熟悉的、生理级的超级符号。

作为水果行业，我们不思而得的第一个符号就是苹果，夏娃的苹果带我们看到这个世界，牛顿的苹果带我们理解这个世界，乔布斯的"苹果"则带我们体验这个世界，苹果当之无愧是水果行业最具代表性的符号。

如何将苹果私有化，这一过程中我们尝试了很多改造，当思考到如何表达新鲜、表达好吃的时候，就找到了一个全球60亿人都认识和熟悉的符号——emoji表情。

emoji表情在今天已经超越国别、超越文化，是全球互联网平台通用的视觉语言系统，也是全球人都认识的超级符号。全球约有90%的在线用户频繁使用emoji，每天有60亿个emoji表情符号被传送。

1998年，日本无线通信中第一次使用了这个视觉情感符号，到今天无论是苹果、三星、Facebook、Twitter、谷歌，还是腾讯、微博、微信、阿里巴巴，每一个实现人与人交流的互联网平台都有一套基于emoji系统设计的表情包。emoji就像是汉字，每一个平台都创造了平台的字体，让这个语言系统超越了国别，超越了文化。

所以，当把这两个超级符号组合在一起时，我们就创造出了鲜丰水果的超级符号。一个人人都认识、熟悉、喜爱的超级符号；一个人人看到就会觉得好吃到想流口水的超级符号；一个最能够代表水果鲜又甜的符号。

华与华以往创作的符号有平面的、有工业设计的，而这是一个突破视觉传达的符号，一个能够诱发味觉的生理级别的超级符号。

▲ 鲜丰水果超级符号

谷歌	苹果	三星	WhatsApp
😍	😍	😍	😍
Facebook	欢乐像素	微博	twitter
😍	😍	🤤	😍

▲ 网络好吃表情

第二章

一句品牌谚语让顾客走进来

有网友这样评价华与华为鲜丰水果打造的全新门店：

"鲜丰水果门头解决识别和记忆成本的问题，消费者快速发现门店，再看门头下面，大大的承诺：'鲜丰水果鲜又甜，不鲜不甜不要钱'，这句话犹如一颗炸弹丢入消费者购物环境中，试问哪一个消费者在购买水果时看到这句话疑虑不会大大降低？"

"鲜丰水果鲜又甜，不鲜不甜不要钱。"这就是我们为鲜丰水果创造的品牌谚语。为什么消费者一看到这句话，就会被打动？

1. 直击水果行业最大痛点：水果非标准

1997年，17岁的韩树人向老乡借了80元钱，凑了200元买了一杆秤和一辆二手三轮车，利用下班后的空余时间兼职做起了卖水果的生意，这便是鲜丰水果的起步。

为了提供更新鲜更好吃的水果，鲜丰水果向上游渗透打造水果全产业链，基地直采，建立采购标准；自建物流，实现每日配送；及时挑拣，剔除有损伤不新鲜的水果。从门店，向物流、采购、产地等全产业链延伸业务，层层把控水果品质。

但是，项目组在市场调研时发现，水果行业最大的痛点就是没有标准化。水果是非标品，行业没有统一标准，最终到顾客那里，顾客也就没有选择标准，没有判断能力。除了在鲜丰多次买过水果的消费者，一般的消费者对鲜丰水果的新鲜品质还缺乏认知。

2. 不甜不要钱，水果行业原生的强刺激信号

如何传达鲜丰水果的产品品质？我们遇到了行业最大的痛点，那我们就回到行业中寻找智慧。每个人都有买水果的经历，推销水果时，店老板通常会说什么来打动消费者？每当我们犹豫不决时，水果店老板最常用的必杀技就是——"不甜不要钱"，当我们听到老板说"不甜不要钱"，我们就毫不犹豫地买单了。

所有最普遍的现象都一定有最深刻的道理。为什么水果行业会有这句话？为什么这句话能打动我们购买？通过华与华的品牌成本原理去分析，就能够理解。

品牌是为了降低三个成本：降低顾客的选择成本、社会的监督成本、品牌的营销传播成本。顾客选择成本最低的品牌，就是选择机会最多的品牌。

"不甜不要钱"就是提供最低的选择风险，"不甜不要钱"就是水果行业衍生出的智慧，就是能够打动顾客购买的强刺激信号。

3. 不甜不要钱，提高社区生意的关键指标——回头率

据统计，水果店平均每店每月顾客不到2000人（去重后），其中65%都是周边2~3个小区的顾客。所以，对于鲜丰水果这样的水果店而言，最重要的指标就是顾客回头率。

华与华每年都会组织员工外出游学，曾经采访过名古屋第一酒店——威斯汀城堡酒店。

威斯汀城堡酒店有过一个统计：

（1）在酒店期间没有发生过任何问题的顾客的回头率为84%；

（2）在酒店期间发生问题但并未被解决的顾客的回头率为46%；

（3）在酒店期间发生了问题但被解决了的顾客的回头率为92%。

▲ 名古屋威斯汀城堡酒店

也就是说，投诉问题并被解决的回头客是未被解决的两倍。所以，如果出现了投诉的现象，就要全力以赴地去解决。因为如果妥善处理的话，这些顾客的回头率会远远高于什么都没有发生的顾客。

"不甜不要钱"就是让那些本来要离你而去的顾客，再次回头并且多次光顾。

4. 每一个店员都能脱口而出的品牌谚语

华与华主张广告口号要向俗语、谚语和顺口溜学习，广告口号的底层逻辑是修辞学。亚里士多德说："修辞学就是说服人相信任何东西，以及促使人行动的语言艺术。"这也是广告口号的底层逻辑和最终目的。

亚里士多德提出修辞的四大要素：

简单的字词
普通的道理
有节奏的句式或押韵
使人愉悦

基于"不甜不要钱"和"鲜丰水果"的品牌名，我们为鲜丰水果创作出"鲜丰水果鲜又甜，不鲜不甜不要钱"的品牌谚语，简单的字词、普通的道理、有节奏的句式，押韵还能使人愉悦，三个"鲜"两个"甜"，又能够和超级符号互相增益。

最重要的是，华与华强调要基于最终使用的场景进行创意。我们不是要一句写在新闻稿里的话，也不是要一句写在企业文化里的话。

鲜丰水果的生意是做街坊邻居的生意，2000家门店店员的叫卖，才是鲜丰最多的宣传方式，这句话就是每一天、每小时、每一个店员都会跟消费者说的一句话。

▲ 鲜丰水果店员站在门口招徕客人

5. 九大机关改造门面信号

当有了超级符号和品牌谚语这两个强大的信号之后，我们就开始思考如何把它们用在门面上。

根据远距离、中距离、近距离，项目组一共梳理了46项分析项目。结合鲜丰水果门店的实际情况，我们最后对门面进行了九大改造。

项目	分类	检查项目
发现（远距离）	被发现难易程度	店铺招牌是否够大够突出
		店铺是否可能设置多个门头或双层门头
		店铺门口是否通过灯光等成为街上最吸引人的地方
		是否可以通过释放味道吸引远处的消费者
		是否可以设置屏幕播放品牌或产品视频
		是否可以设置音响播放产品和促销信息
		是否在附近的路口设置店铺介绍和导视
		是否设置一个超级大的玩偶或产品吸引关注
		是否设置动态的招牌和标志吸引关注
		是否在招牌上设置强制性视觉符号
		是否采用明亮和突出的色彩
		是否大面积使用统一的色彩
		是否采用射灯等方式增加品牌信息
	销售产品传达	是否有明显表示销售商品类别的装置或者文字
		是否设置侧招等让每个方向走过来的顾客都能看到说明商品类别的符号或文字
		顾客是否能够认知店内销售的产品和档次
		人距离50米能否看到
		车中距离100米能否看到
		行人是否能够读取标志性文字或符号
		是否能够从车中读取标志性文字或符号
	夜间可识别性	保持能看到的亮度
		店铺自身是否明亮
	品牌化	是否有鲜明的品牌色
		是否有特点明确的招牌和装修风格

243

(续表)

项目	分类	检查项目
兴趣（近距离）	干净	店面是否让人觉得非常干净
	品质	装修是否与产品调性统一
	产品展示	是否有吸引力的招牌产品的图片
	价格标注	是否有打动人的价格标注
	事件性	是否有促销的信息
		是否有新品/爆品的宣传
		是否定期有全新的产品和品牌物料
	热卖氛围	是否有热卖的背书（销量、热卖照片等）
		是否有热卖产品的体现
		是否有热卖排行榜
	行业背书	是否有行业或者专家认证的背书
	照明度	标识的亮度是否引起注意
		标识和屏幕是否过于刺眼
		照明是否符合营业状态
行动	导视和箭头的强制引导设置	是否设立了指引顾客行为路线的导视
		是否有效利用了箭头（粗、大、拐角）
	进店难易程度	入口周边是否有障碍物
		是否尽可能在各个道路上开设店门
		是否明显地体现开门营业状态
	被店内环境和产品吸引	是否能看到店内的环境
		是否能在店外就看到展示的产品
	政策吸引	是否有刺激进店的优惠措施

▲ 鲜丰水果全新门店设计九大机关

6. 全新门店形象发布，开到哪里都秒杀一条街

2020年4月29日，鲜丰水果在全国加盟商峰会暨品牌升级发布会上，发布了华与华为其设计的超级符号、品牌谚语，以及鲜丰水果第七代门店。现场加盟商将第七代样板店挤了个水泄不通，最终签约加盟超预期近一倍。

全新升级的门店到底如何？我们走访了鲜丰水果的门店，上海、杭州、青岛、合肥……无论走到哪里，全新的鲜丰水果都真正实现了秒杀一条街。

根据对翻新与未翻新门店四个月的对比统计，在其他所有因素都不变的情况下，翻新门店比未翻新门店，销售额同比增长高10%，客单数同比增长高10%，毛利额同比增长高13%。

一个门店一年的销售额提高了差不多20万元，一个门店老板差不多多赚了10万元！如果一个门面翻新的成本在3万元，那么多赚10万元，年投资回报率就在330%，在2020年疫情的情况下，这可能是鲜丰水果店长最好的理财项目，而且一次投资多年受益！

▲ 鲜丰水果发布会现场

▲ 鲜丰水果全新升级门店

第三章

一套店内信号系统让顾客买起来

零售业有一个标准公式：

销售金额＝客单×客单价

客单价＝动线长度×购买率×购买件数×商品单价

当吸引顾客关注，打动顾客进门之后，我们接下来要做的就是在每一个环节进行提升，要让顾客在门店内走动更多、买得更多。

在店内要实现不放过空间每一寸面积，不浪费顾客每一秒注意力。

通过设置信号，实现每一环节的行为反射

我们所追求的是行为，行为就是可以测量的数据。通过释放一个信号，形成一个可测量的行为数据，我们就能找到最有效的实现顾客行为反射的信号。

华与华项目组在门店研究中发现了两个现象（通过红外线进行人流动线测量）。

> 一般情况下，左前右后顾客流量少，停留短

顾客进店会从右边开始看商品，而左前侧最容易被忽视；通常门店收银台会在左边，右边拐角的商品也就容易被忽视。

> 冷柜容易被忽略

冷柜在最内侧，一般陈列的都是保鲜期短的进口水果，顾客可能远远地看一眼也不会走近。

这是项目组统计的鲜丰水果门店的热力图。

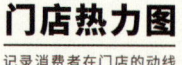

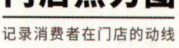

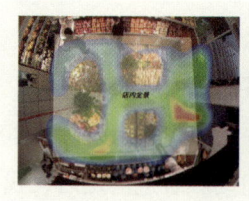

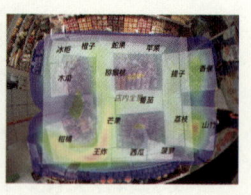

▲ 鲜丰水果门店热力图

三大信号点，引导顾客动线

项目组基于门店动线，在门店设置了香蕉区、佳沛区和冷柜尝鲜区三大信号点。通过三大信号的设置，引导顾客动线，提高产品销量和门店业绩。

经过数据分析，香蕉是门店客单最多的产品，而且，鲜丰创始人韩总曾向项目组介绍道：

"第一家店是怎么做起来的呢？那时候我开第一家店一直赔钱，后来我在门口的玻璃上贴了一个海报，香蕉卖9毛钱，就这样人越来越多，门店才做起来了。"

华与华认为企业过去的成功一定是做对了某件事情，在企业的历史中散落着被遗弃的珍珠，我们的任务就是去捡回来把它擦亮。

因此，华与华项目组建议打造一款1.99元的好评蕉放在入口处。重新设计物料，通过"1.99元"释放强大信号。

佳沛奇异果是维C小金蛋，补充一天的维C，释放的信号是"每天一颗"，每天一颗是行为指令，也是顾客"驯养"。

在冷柜区将部分水果拆分成小分量，打造一个9.9元尝鲜区，引导顾客愿意走近冷柜区域，小分量购买先尝试起来。

目前好评蕉已经在全国范围内上架，好评蕉落地第二天，全国门店客单平均增长24%，全年拉动门店客单增长10%，占门店三分之一的客单，也就是每三个人就有一个人买好评蕉，越来越多顾客买香蕉就会去鲜丰水果。

当我们理解了刺激信号反射原理，我们就掌握了提高门店业绩增长的技术！华与华通过超级符号、品牌谚语、持续改善三大核心技术，从门头到门面，从店内产品陈列设置到物料设置，"机关算尽"设置门店信号系统。今天，全新的鲜丰水果门店开到哪里都能秒杀一条街，每一个信号都能带来顾客行为反射，每一个信号都能带来门店业绩的增长。

▲ 鲜丰水果店内三大信号点

▲ 鲜丰水果店内香蕉专区

▲ 鲜丰水果店内佳沛专区

▲ 鲜丰水果店内进口水果专区

▲ 鲜丰水果全国门店好评蕉展示

华与华方法

刺激反射原理和巴甫洛夫条件反射

所有营销的理论,从最根本上去讲底层的逻辑、理论都是心理学。

心理学的两条线:一条线是从弗洛伊德到荣格,讲集体潜意识,这是艺术的一条线。

第二条线就是巴甫洛夫,巴甫洛夫就讲刺激反射,刺激反射就形成了行为主义,行为主义就形成了大数据。

刺激反射认为,分析消费者的心智,只是在分析。而且你问消费者,他说的不一定是他心里想的。他即使没骗你,也不一定能说出自己心里的真实想法。

1906年,巴甫洛夫在狗脖子上插入管子来测量唾液分泌,发现了动物的条件反射机能。

第一个阶段,给狗呈现食物,狗自然而然地分泌唾液。

第二个阶段,在狗的前面摇一个音叉,狗在听到声音时,不会有任何反应,更不会分泌唾液。

第三个阶段,狗在进食前,总要听一段音叉发出来的音乐,之后看到食物的狗还是很自然地分泌了唾液。

第四个阶段,当研究者只在狗身前摇动音叉而不递上食物时,狗还是分泌了唾液!

巴甫洛夫的条件反射实验证明着一件事:"人的一切行为都属于反射的范畴,信号是大脑皮层最基本的活动,而我们每一个行动都基于一个信号的反射。"这就是华与华工作方法的底层原理,人的一切行为都是基于信号的反射,通过信号释放,实现顾客行为反射,信号能量越强,行为反射越大。

华与华的品牌设计,不是无的放矢、不知对错的VI,而是引爆潜意识的超级符号炸弹,是符号学。根本目的是要顾客掏钱买单的行为反射,所以我们只看释放了什么信号,能促使顾客做出行为反射。

门店就是一个信号系统,释放信号影响顾客行为。

华与华不是为鲜丰打造了一套品牌识别系统,而是为鲜丰水果门店打造了一套刺激信号系统。让顾客像我们希望的那样,关注、走进、拿起、购买,最终带来鲜丰水果门店业绩的增长。我们在鲜丰水果门店信号系统上"机关算尽",每一个信号都带来顾客行为反射,每一个信号都带来门店业绩的增长。

后 记

自2015年起，华与华每年都会在内部案例中评选出年度百万创意大奖，第一名的案例，将获得100万人民币的奖励。有资格角逐百万大奖的案例必须满足三个标准：

1. 业绩第一，必须要让客户的生意有明显的增长，对品牌有重大的提升；

2. 因果明确，是找到了真因，找到了战略重心，投入在决胜点上，一战而定的关键动作；

3. 推动行业进步。

华与华在公司内部建立起评选"超级创意"的同时，也希望这套评选标准能够成为行业的"超级创意"标准。

因此，自2019年起，我们正式将百万创意大奖赛对外公开售票；同年，将入围的八大案例解析进行汇编，出版首册《华与华超级符号案例集》,生动呈现华与华方法是如何在不同领域,用同一套创意标准来输出超级案例的。

为了让读者更清晰地了解华与华方法的实际运用,体会"可描述的创意",学习可复制的创意,在《华与华超级符号案例集》第一册的出版过程中,华杉董事长、各个项目负责人、华与华商学院,共经历了至少五轮不同方式的尝试,最终与读客文化一起,打磨出最利于读者阅读理解的案例拆解方式。

历时8个多月,首册《华与华超级符号案例集》,终于在2020年11月与读者和粉丝见面了。

伴随着2020年12月第七届百万创意大奖赛的结束,我们也同步启动了《华与华超级符号案例集2》的编撰工作,在第一册的基础上,对第七届入围的八大案例解析进行了结构优化和改良,更详尽地展示了成功案例的形成过程。

历时5个月,本书也即将与读者见面。

一年一场百万创意大奖赛,一年一本《超级符号案例集》,我们将会秉持华与华滴水穿石的精神,年年不间断,持续推书《超级符号案例集》系列书籍,把华与华方法传递给更多有需要的人和企业。正心术,立正学,走正道。

在这里,也必须感谢每一位为本书作出巨大贡献的伙伴(按本书案例顺序排序):

洽洽项目组:陈俊、黄慧婷、杨浚祥、李江海、林微
华莱士项目组:陈俊、孙楚天、何光灵、LIM BORIM
人本项目组:宋雅辉、周庆一、王国任、张高云、项乐双

SKG项目组：贺绩、吴彩虹、张斌麟、王凡、王川

奇安信项目组：贺绩、杨传涛、郭鑫、孙辉、辛亮杰、李阐、杨婷婷、唐进红、林彦均、梁安

老娘舅项目组：许永智、廖文逸、张少彬、姚燕

梦百合项目组：肖征、孙艳峰、宋雅辉、张懿、吕亚俊

鲜丰水果项目组：肖征、贺绩、孙艳峰、张懿、刘泽国、乔慧

商学院：颜艳、夏晓燕、李瑶、冯臻

李 瑶

2021年5月13日

于华与华商学院

附　录

2020华与华百万创意大奖赛现场回顾

　　2020年12月11日，第七届华与华百万创意大奖赛，在上海静安香格里拉酒店隆重举行。

　　第七届百万创意大奖赛，由洽洽、老娘舅、奇安信、人本帆布鞋、华莱士、SKG、梦百合0压床垫、鲜丰水果，八大项目同台竞演。经评委们仔细审议，华杉最后决出了第七届华与华百万创意大奖赛的第一、二、三名。

▲ 2020第七届华与华百万创意大奖赛第一名（洽洽项目）

▲ 2020第七届华与华百万创意大奖赛第二名（华莱士项目）

▲ 2020第七届华与华百万创意大奖赛第三名（人本帆布鞋项目）

▲ 八大项目同台竞演

▲ 八大项目同台竞演

▲ 八大项目同台竞演

▲ 八大项目同台竞演

▲ 八大项目同台竞演

▲ 八大项目同台竞演

263

▲ 八大项目同台竞演

▲ 八大项目同台竞演

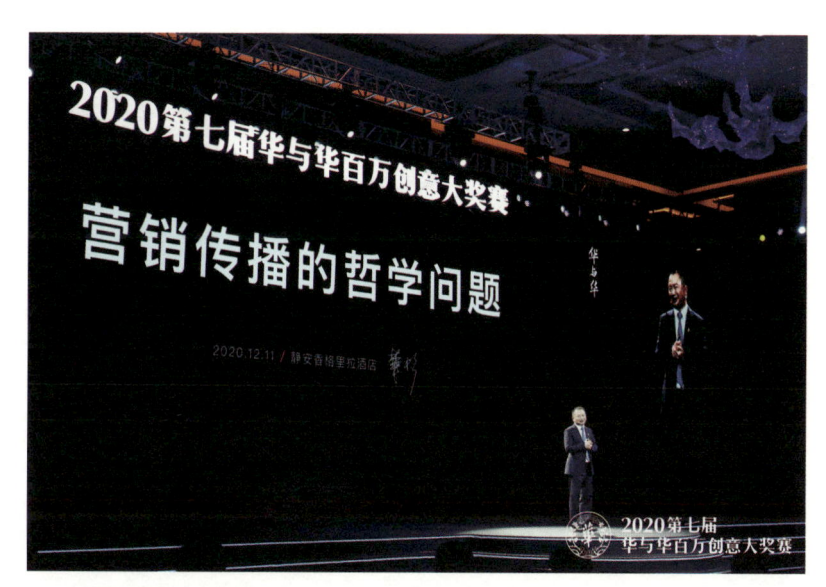

▲ 华杉发表主题演讲

▲ 华杉发表主题演讲

▲ 华与华联合浙江传媒学院成立超级符号研究所